中华传统蒙学精华注音全本

孙子兵法·三十六计

(第2版)

春秋·孙武 著　　　　明·佚名

邓启铜 注释

百子团圆图

东南大学出版社
SOUTHEAST UNIVERSITY PRESS

图书在版编目（CIP）数据

孙子兵法·三十六计 / 邓启铜注释. —2版. —南京：东南大学出版社，2014.1
（"尚雅"国学经典书系：中华传统蒙学精华注音全本 / 邓启铜主编）
ISBN 978-7-5641-4262-9

Ⅰ.①孙… Ⅱ.①邓… Ⅲ.①兵法-中国-古代-通俗读物 Ⅳ.①F892.2-49

中国版本图书馆CIP数据核字(2013)第106995号

孙子兵法·三十六计

责任编辑	彭克勇
封面设计	方楚娟
出版发行	东南大学出版社
社　　址	南京市四牌楼2号　邮编：210096
出 版 人	江建中
网　　址	http://www.seupress.com
印　　刷	东莞市信誉印刷有限公司
开　　本	787mm×1092mm　1/16
印　　张	14.5
字　　数	280千字
版　　次	2014年1月第2版
印　　次	2019年3月第4次印刷
书　　号	ISBN 978-7-5641-4262-9
定　　价	24.00元

东大版图书若有印装质量问题，请直接向营销部调换　电话：025-83791830

与经典同行　与圣人为伍

序

"世界潮流,浩浩汤汤!"面对滚滚的世界潮流,不少有识之士发现被国际化的中国正面临着丧失本土文化之危机。十几年来,南怀瑾大师发起的"全球儿童读经"已经从开始时的"该不该读经典"大讨论演变到后来的"怎么读经典",然后又演变为现在的"成人读经典",大有"全民读经典"的趋势。放眼各地兴起的"书院热"、"国学热",无不说明以国学为主体的中华传统文化已然越来越受到重视。究其根本原因,是我们在国际交流的过程中不能没有自己的文化,要想在这次世界浪潮中居于主导地位,我们必须要高度重视我们的传统文化经典。

传统文化是指传统社会形成的文化,它既是历史发展的内在动力,也是文化进步的智慧源泉。中华传统文化伦理思想贯穿始终;中华传统文化具有独特的审美意识和人文精神,在文学艺术上创造了辉煌的成就;中华传统文化注重对真理的思辨和追求。因此,中华传统文化是优秀的文化。

1988年,几十位诺贝尔奖得主聚集巴黎发表宣言:"人类要在21世纪生存下去,必须回首2 500多年前,去汲取孔子的智慧。"联合国大厅里赫然书写着"己所不欲,勿施于人"。经典是唤醒人性的著作,可以开启人们的智慧!经典能深入到一个人心灵的最深处,能培养一个人优雅的性情和敦厚的性格!

早在2003年,我深受台中师范大学王财贵老师的影响,着力于辅导女儿邓雅文等三位小朋友背经,不到三年的时间,他们就已熟背了《三字经》《百家姓》《千字文》《论语》《老子》《大学》《中庸》《唐诗三百首》《诗经》等经典,当时找不到一套好的教材,我便决心自编一套适合他们的教材。

面对中华五千年文明积累下来的经典,我们从经、史、子、集中精选了四十五种典籍作为"新月经典"之"中国传统文化经典儿童读本",分四辑陆续出版,并对其中二十种经典录制了配音CD。新书甫一推出,就被中央电视台新闻联播节目报道,并有多家媒体报道或发表了专访等。其中《论语》《三字经·百家姓·千字文》《老子·大学·中庸》等更是先后登上畅销图书排行榜,特别是《论语》,还登上了《南方都市报》2004年、2005年畅销书排行总榜。图书甚至远销美国、加拿大、新加坡、印尼、菲律宾、中国台湾、中国香港等地,无数的读者来电来信给予肯定,更是对我们的鼓励和鞭策。回顾这几年的经典注释工作,真可谓:七年辛苦不寻常!我们在编辑、注释、注音时坚持以"四库全书"为主,遍搜各种版本,尽量多地参照最新研究成果,力争做到每个字从注释到注音都有出处,所选的必是全本,每次重印时都会将发现的错误更正,这样我们奉献给读者的图书才符合"精"、"准"、"全"。也正因为如此,我们这套经典才能在目前良莠不齐的图书市场受到读者的欢迎。

和许多从事古汉语和文字研究工作的学者一样,我们在钻研这些经典时始终有一个困惑我们的问题,即这些经典是由文言、古文字传承至今的,因此汉字的流变对理解原著影响非常之大,加之汉字简化与繁体字并非一一对应,往往简化后就会产生歧义。因此,我们在按汉字简化原则由繁化简的同时,在整套书中,对以下情况我们保留了原文字:①後—后,这两个字在古文中是严格区分的,《百家姓》两个姓氏都有,怎能简化为一个字呢?!②發—髮—发,在"须"、"毛"义时用髮,在"开"、"起"义时用發。③餘—馀—余,"餘"是"馀"的繁体字,"馀"不是"余"的繁体字,而是"餘"的简体字。④另有少数不能简化部首偏旁的字和不便造字的字保留了原文字,这样处理有利于精准保留原本面貌,也不致产生歧义。但读者不能由此断定我们是反简复繁派,事实上我们认为汉字简化是文字发展的大方向,只是简化时每个字都应充分听取各方面学者意见,并兼顾其发展和历史,而不是朝令夕改令人无所适从抑或粗暴地割断其历史渊源,唯权力是听!

这次东南大学出版社推出的这套"东大国学书系"是我们在云南大学出版社"中国传统文化经典儿童读本"的基础上修订而成的,经过这七年的检验,我们发现不但儿童喜欢这种注音方式,一些老年人也特别适合这种"大字不老花"的方式,甚至有的大学教授也拿我们这套书来给大学生上课,因为有注音,不需查找便可方便地读准每个字,也不会闹笑话。因此我们认为经典注音是全民阅读的一种好方式,特别是青少年阅读习惯的培养更是一个国家、一个民族的希望之所在。为此,我们精选五十二种经典供读者选读,分为:

"中华传统蒙学精华注音全本":《三字经·百家姓·千字文》《千家诗》《声律启蒙·笠翁对韵》《孝经·弟子规·增广贤文》《幼学琼林》《五字鉴》《龙文鞭影》《菜根谭》《孙子兵法·三十六计》

"中华传统文化经典注音全本"第一辑:《庄子》《宋词三百首》《元曲三百首》《孟子》《易经》《楚辞》《尚书》《山海经》《尔雅》

"中华传统文化经典注音全本"第二辑:《唐诗三百首》《诗经》《论语》《老子·大学·中庸》《古诗源》《周礼》《仪礼》《礼记》《国语》

"中华传统文化经典注音全本"第三辑:《古文观止》《荀子》《墨子》《管子》《黄帝内经》《吕氏春秋》《春秋公羊传》《春秋穀梁传》《武经七书》

"中华传统文化经典注音全本"第四辑:《春秋左传》《战国策》《文选》《史记》《汉书》《后汉书》《三国志》《资治通鉴》《聊斋志异全图》

"中华古典文学名著注音全本":《绣像东周列国志》《绣像三国演义》《绣像水浒传》《绣像红楼梦》《绣像西游记》《绣像儒林外史》《绣像西厢记》

上述书目基本上涵盖了传统文化经典的精华。

博雅君子,有以教之!

"尚雅"国学经典书系主编

邓启铜

2010年3月

与经典同行　　与圣人为伍

sūn zǐ bīng fǎ
孙子兵法

3 计篇第一
8 作战篇第二
13 谋攻篇第三
19 形篇第四
23 势篇第五
27 虚实篇第六
36 军争篇第七
43 九变篇第八
47 行军篇第九
56 地形篇第十
63 九地篇第十一
77 火攻篇第十二
80 用间篇第十三

86 附：《史记·孙子列传》

sān shí liù jì
三十六计

90 总说
92 第一计　瞒天过海
94 第二计　围魏救赵
96 第三计　借刀杀人
98 第四计　以逸待劳
100 第五计　趁火打劫
102 第六计　声东击西
104 第七计　无中生有
106 第八计　暗渡陈仓
108 第九计　隔岸观火
110 第十计　笑里藏刀
112 第十一计　李代桃僵
114 第十二计　顺手牵羊
116 第十三计　打草惊蛇
118 第十四计　借尸还魂
120 第十五计　调虎离山

1

读经诵典　受益匪浅

122 第十六计　欲擒故纵
124 第十七计　抛砖引玉
126 第十八计　擒贼擒王
128 第十九计　釜底抽薪
130 第二十计　混水摸鱼
132 第二十一计　金蝉脱壳
134 第二十二计　关门捉贼
136 第二十三计　远交近攻
138 第二十四计　假道伐虢
140 第二十五计　偷梁换柱
142 第二十六计　指桑骂槐

144 第二十七计　假痴不癫
146 第二十八计　上屋抽梯
148 第二十九计　树上开花
150 第三十计　反客为主
152 第三十一计　美人计
154 第三十二计　空城计
156 第三十三计　反间计
158 第三十四计　苦肉计
160 第三十五计　连环计
162 第三十六计　走为上计
164 跋

附：孙膑兵法

166 禽庞涓
168 见威王
170 威王问
175 陈忌问垒
179 篡卒
180 月战
181 八阵
182 地葆

183 势备
185 兵情
186 行篡
187 杀士
188 延气
190 官一
194 五教法
196 强兵

197 十陈
201 十问
205 略甲
207 客主人分
209 善者
211 五名五恭
212 兵失
214 将义

215 将德
216 将败
217 将失
219 雄牝城
220 五度九夺
221 积疏
222 奇正
224 附：《史记·孙膑列传》

2

孙子兵法

sūn zǐ bīng fǎ

春秋·孙武 著

孙武像·明万历《三才图绘》刻本

注孙子序

三国·曹操

操闻：上古有"弧矢"之利，《论语》曰"足兵"，《尚书》"八政"曰"师"，《易》曰"师贞，丈人吉"，《诗》曰"王赫斯怒，爰征其旅"，黄帝、汤、武咸用干戚以济世也。《司马法》曰"人故杀人，杀之可也。恃武者灭，恃文者亡"，夫差、偃王是也。圣人之用兵，戢而时动，不得已而用之。吾观兵书战策多矣，孙武所著深矣，审计重举，明画深图，不可诬也。而但世人未之深亮训说，况文烦富，行于世者失其旨要，故撰为《略解》焉。

（孙星衍平津馆丛书孙吴司马法）

孙武吴官教战·《百将图传》

与经典同行　与圣人为伍

计篇第一

孙子曰：兵者①，国之大事，死生之地，存亡之道，不可不察也②。

故经之以五事③，校之以计④，而索其情⑤：一曰道，二曰天，三曰地，四曰将，五曰法⑥。

注释：①兵：本义为兵器。引申为军队、战争。②地：领域，方面。道：根本。察：审究。③经：经度也，即测度。④校：量也，较量，比较。计：指下文"主孰有道"等七个方面。⑤索其情：分析、预测战争的胜负。⑥道：指为君之道。天：天时。地：地利。将：将领。法：制度。

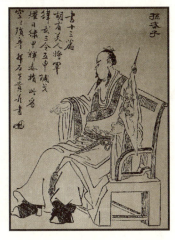

孙武子像

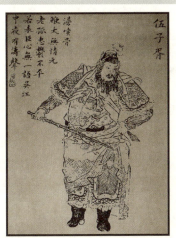

伍子胥像

道者,令民与上同意也①,故可以与之死②,可以与之生,而不畏危③;天者,阴阳、寒暑、时制也④;地者,远近、险易、广狭、死生也⑤;将者,智、信、仁、勇、严也;法者,曲制、官道、主用也⑥。凡此五者,将莫不闻,知之者胜,不知者不胜⑦。

注释: ①同意:意愿统一。②与之死:使民死。③不畏危:不惧怕危险。④阴阳:指昼与夜、晴与阴雨的气象变化。**时制:**季节与节气的更迭。⑤险易:高低不平叫险,平坦叫易。**死生:**可攻可守、进退方便的地形叫生地;难攻难守、进退困难的地形叫死地。⑥曲制:军队内部的组织管理制度。**官道:**军队各级官将的职责。**主用:**军队供给的制度。⑦知:深刻了解。

孙五子演阵教美人战·版画

故校之以计①，而索其情。曰：主孰有道②？将孰有能？天地孰得？法令孰行？兵众孰强？士卒孰练③？赏罚孰明？吾以此知胜负矣。

将听吾计，用之必胜，留之④；将不听吾计，用之必败，去之⑤。

注释：①校：衡量，比较。②主：国君。孰：谁。有道：具备道德。③士：军士。卒：指兵。练：训练有素。④将：如果。一说音jiàng，将领。留：留在这里。⑤去之：离开这里。

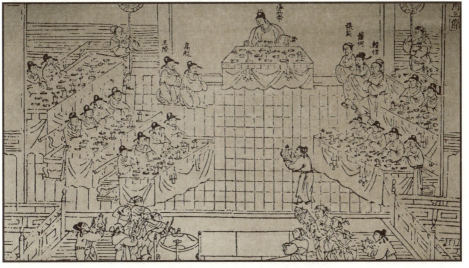

汉高祖任用三杰　明·《帝鉴图说》

读经诵典　受益匪浅

孙子兵法

计利以听①，乃为之势②，以佐其外③。势者，因利而制权也④。兵者，诡道也⑤。故能而示之不能，用而示之不用⑥，近而示之远，远而示之近。利而诱之，乱而取之⑦，实而备之，强而避之，怒而挠之⑧，卑而骄之⑨，

注释：①计利：计策的胜算。以：通已，已经。听：采纳。②乃：就。势：作势。③佐：作为辅助。④制权：根据变化。⑤兵：用兵。诡道：欺诈的方式。⑥用：采取行动。⑦乱：制造混乱。⑧怒：激怒。挠之：挑逗，刺激敌人。⑨卑：谨慎。骄之：使敌人骄傲。

汉昭帝明辨诈书　明·《帝鉴图说》

佚而劳之①，亲而离之②，攻其无备，出其不意③。此兵家之胜，不可先传也④。

夫未战而庙算胜者⑤，得算多也⑥；未战而庙算不胜者，得算少也。多算胜，少算不胜，而况于无算乎？吾以此观之，胜负见矣⑦。

注释：①佚：同逸，休整充分。②离之：离间敌人，使敌人内部不和。③出其不意：出击应选择敌人意想不到的时机。④胜：克敌制胜的诀窍。传：泄露。⑤庙算：古代作战前，在庙堂谋划作战大计，用筹码预测战事胜负叫庙算。庙，古代君主祭祀、与群臣议事之地。⑥得算多：对敌我双方的"五事""七计"进行逐项考察，判明胜负的条件，占优势的条件多。⑦见：通现，显现。

计篇第一

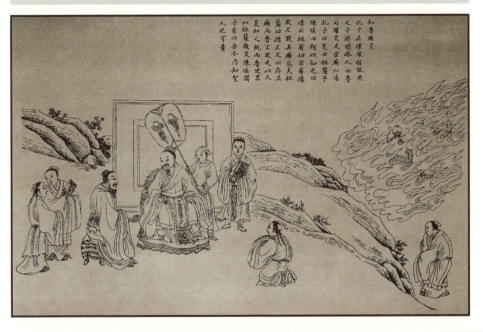

知鲁庙灾图　明·孔子圣迹图

读经诵典 受益匪浅

作战篇第二

孙子曰：凡用兵之法，驰车千驷①，革车千乘②，带甲十万③，千里馈粮④，则内外之费，宾客之用，胶漆之材⑤，车甲之奉⑥，日费千金，然後十万之师举矣⑦。

注释：①驰车：快速轻便的战车。驷：四匹马拉的车。②革车：指运送粮草辎重的车。乘：辆。③带甲：穿戴盔甲的士卒。④馈粮：供给。⑤胶漆：制作保养弓矢器械的材料。材：物资。⑥车：车辆。甲：盔甲。奉：保养、补给。⑦举：出动。

三锤击走裴元庆·杨柳青年画

其用战也胜①，久则钝兵挫锐②，攻城则力屈③，久暴师则国用不足④。夫钝兵挫锐，屈力殚货⑤，则诸侯乘其弊而起⑥，虽有智者，不能善其后矣⑦。故兵闻拙速⑧，未睹巧之久也⑨。夫兵久而国利者，未之有也⑩。故不尽知用兵之害者，则不能尽知用兵之利也。

注释：①用战：用兵作战。胜：速胜。②钝：疲惫。锐：士气。③力屈：兵力耗尽。屈，不足，穷竭。④暴师：军队在外作战。暴，通曝，露在日光下。⑤殚货：财物耗尽。⑥弊：疲惫。起：造反。⑦善其后：妥善处理造成的後果。⑧拙速：老老实实地求得速胜。⑨巧之久：巧于持久。⑩未之有：没有。

大破牧羊城·杨柳青年画

作战篇第二

善用兵者，役不再籍①，粮不三载②。取用于国，因粮于敌③，故军食可足也。

国之贫于师者远输④，远输则百姓贫；近于师者贵卖⑤，贵卖则百姓财竭⑥，财竭则急于丘役⑦。力屈、财殚，中原内虚于

注释：①役：兵役，征兵。籍：登记名册。②三载：多次运输。③因：依靠。④远输：长途运送供给。⑤贵卖：物价高昂。⑥竭：尽。⑦丘役：使丘出甸赋，即加重赋税。丘，古六尺为步，步百为亩，亩百为夫，夫三为屋，屋三为井，四井为邑，四邑为丘，四丘为甸。

诸葛亮造木牛流马·《图像三国志》

劫乌巢孟德烧粮·《图像三国志》

家①，百姓之费，十去其七；公家之费，破车罢马②，甲胄矢弩，戟楯蔽橹③，丘牛大车④，十去其六。

故智将务食于敌⑤，食敌一锺⑥，当吾二十锺；萁秆一石⑦，当吾二十石。

注释：①中原：泛指战场。因春秋战国时的主战场在中原地区。家：王公大夫的家族。②罢：通疲，瘦弱无力。③楯：古代武器名，即盾牌。通盾。蔽橹：用作扞蔽的大盾牌。④丘牛：古代丘有戎马一匹，牛四头，甸有戎马四匹，牛十六头，丘车一乘，甲士三人，步卒七十二人。大车：牛车。⑤务食：寻获粮草。⑥锺：古容量单位，六十四斗为锺。姜齐量制：四升为豆，四豆为区，四区为釜，十釜为锺。⑦萁：豆秸也。秆：禾藁也。萁秆：喂马牛的饲料。石：一百二十斤为石。

郊台迎阿桂凯旋图　清·汪承霈

作战篇第二

读经诵典 受益匪浅

孙子兵法

故杀敌者，怒也①；取敌之利者，货也②。故车战，得车十乘已上③，赏其先得者，而更其旌旗；车杂而乘之④，卒善而养之⑤，是谓胜敌而益强。

故兵贵胜，不贵久。

故知兵之将⑥，生民之司命⑦，国家安危之主也⑧。

注释：①怒：指军威。②货：财物，指赏赐。③得车：古人用兵，必使车得车，骑得骑，徒得徒，步得步。已上：以上。④杂：混合，掺杂。⑤卒：指俘虏。善而养之：优待和抚养任用。⑥知：深刻了解。⑦生民：百姓。司命：主管人的命运。⑧主：主宰。

诸葛亮智取汉中·《图像三国志》

冰雪堂张仪用智 明·《元曲选》

与经典同行　与圣人为伍

谋攻篇第三

孙子曰：凡用兵之法，全国为上①，破国次之；全军为上②，破军次之；全旅为上③，破旅次之；全卒为上④，破卒次之；全伍为上⑤，破伍次之。是故百战百胜，非善之善者也；不战而屈人之兵，善之善者也⑥。

注释：①全：保持完整。国：春秋时指都城及周围地区。②军：一万二千五百人为军。③旅：五百人为旅。④卒：一百人为卒。⑤伍：五人为伍。⑥屈：使屈服。

经略三关图　明·无名氏

故上兵伐谋①,其次伐交②,其次伐兵③,其下攻城④。攻城之法,为不得已。修橹轒辒⑤,具器械,三月而后成;距堙⑥,又三月而后已。将不胜其忿而蚁附之⑦,杀士三分之一,而城不拔者,此攻之灾也⑧。

注释:①上兵:上等的战策。伐谋:以谋略迫敌屈服。古人指攻心,即破坏敌人的计划,消沮敌人的意志。②伐交:破坏敌人的外交联盟。③伐兵:军队野战。④攻城:强攻城池。⑤橹:兵高车,加巢以望敌也。轒辒:攻城大车,上以绳为脊,生牛皮蒙之可藏十人,填隍推之,直抵城下,可以攻掘,金火木石所不能败。⑥距堙:堆积用来瞭望敌城的攻城土山。⑦蚁附:使士兵像蚂蚁一样缘梯攻城墙。⑧拔:攻破城池并完全占领。

东吴招亲·杨柳青木版年画

与经典同行　与圣人为伍

故善用兵者，屈人之兵而非战也①，拔人之城而非攻也②，毁人之国而非久也，必以全争于天下③，故兵不顿而利可全④，此谋攻之法也。

注释：①非战：指伐谋伐交而不伐兵。②非攻：不用硬攻。③以全争于天下：以全胜之计争天下。④顿：劳顿。

军门固原发兵图　明·佚名

谋攻篇第三

故用兵之法,十则围之①,五则攻之②,倍则分之③,敌则能战之④,少则能逃之⑤,不若则能避之⑥。故小敌之坚,大敌之擒也⑦。

夫将者,国之辅也⑧。辅周则国必强⑨,辅隙则国必弱⑩。

注释:①十则围之:以十敌一则合围对手。②五则攻之:以五敌一则正面对攻。③倍则分之:以二敌一则兵分奇正,以分散对手兵力而击之。④敌则能战之:兵力相当,则先为奇兵可胜之计,则战之。⑤少则能逃之:逃,伏也。兵少则当自逃,守匿其形。⑥不若则能避之:兵力谋勇皆劣于敌则当引而避之,以伺其隙。⑦小敌:弱小的军队。坚:如果固执坚守。大敌:强大的军队。擒:俘虏。⑧国:本指国都。辅:增强车轮支力的辅木,此指栋梁。⑨周:谓才智具也。⑩隙:缺也。

平番得胜图(局部) 明·佚 名

故君之所以患于军者三①：不知军之不可以进而谓之进，不知军之不可以退而谓之退，是谓縻军②；不知三军之事，而同三军之政者③，则军士惑矣；不知三军之权，而同三军之任，则军士疑矣。三军既惑且疑，则诸侯之难至矣。是谓乱军引胜④。

注释：①患于军：为害于军队。②縻：羁绊，牵制。同：参与，干预。③三军：周朝有六军，大的诸侯国有三军，分上中下或左中右三军。④乱军引胜：扰乱自军导致敌胜。

汉文帝屈尊劳将 明·《帝鉴图说》

故知胜有五：知可以战与不可以战者胜，识众寡之用者胜，上下同欲者胜，以虞待不虞者胜[1]，将能而君不御者胜[2]。此五者，知胜之道也。

故曰：知彼知己者，百战不殆[3]；不知彼而知己，一胜一负；不知彼，不知己，每战必殆。

注释：[1]虞：准备。[2]御：干预。[3]殆：危险。

诸葛亮智算华容·《图像三国志》

贾文和料敌决胜·《图像三国志》

与经典同行　　与圣人为伍

形篇第四

孙子曰：昔①之善战者，先为不可胜②，以待敌之可胜③。不可胜在己，可胜在敌。故善战者，能为不可胜，不能使敌之可胜。故曰：胜可知，而不可为④。

不可胜者，守也；可胜者，攻也。守则不足，攻则有余⑤。善守者，藏于九地之下⑥；善攻者，动于九天之上⑦，故能自保而全胜也。

见胜不过众人之所知⑧，

注释：①昔：古时。②为：做好。不可胜：不能被敌战胜。③敌之可胜：可以战胜之敌。④可知：可以预见。不可为：不可以强求。⑤守则不足，攻则有余：采取防守之策是由于兵力不足，兵力有余则采用进攻的策略。⑥九地之下：比喻很深，幽而不可知。⑦九天之上：比喻很高，来而不可备也。⑧见胜：预卜胜败。

非善之善者也；战胜而天下曰善，非善之善者也。故举秋毫不为多力①，见日月不为明目，闻雷霆不为聪耳。古之所谓善战者，胜于易胜者也②。故善战者之胜也，无智名③，无勇功④，故其战胜不忒⑤。不忒者，其所措必胜⑥，胜已败者也⑦。

注释：①秋毫：兔毛至秋而劲细，言至轻也。②易胜者：见微察隐，而破于未形者，胜易也。③无智名：无需巧计之名。④无勇功：无需浴血勇猛的战功。⑤忒：差错。⑥措：措施。⑦已败者：已经处于败势的一方。

兰州参将董大仲攻破敌营图　明·佚　名

与经典同行　与圣人为伍

故善战者，立于不败之地，而不失敌之败也①。是故胜兵先胜而后求战②，败兵先战而后求胜③。善用兵者，修道而保法④，故能为胜败之政⑤。

注释：①失：错过。②先胜：预先测知必胜。③求胜：寄望于胜利。④修道：自修整治为不可胜之道。保法：保持法度。⑤为胜败之政：主宰战争的胜败。

形篇第四

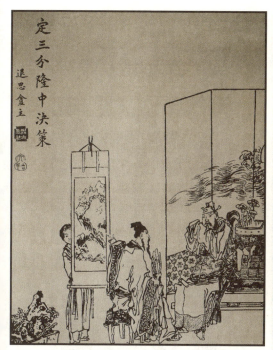

定三分隆中决策·《图像三国志》

赵子龙智取桂阳·《图像三国志》

兵法：一曰度①，二曰量②，三曰数③，四曰称④，五曰胜⑤。地生度，度生量，量生数，数生称，称生胜。故胜兵若以镒称铢，败兵若以铢称镒⑥。

胜者之战民也⑦，若决积水于千仞之谿者⑧，形也⑨。

注释：①度：测量，度土地也。②量：计量，斗斛也，指推算军需。③数：算数也，计兵员。④称：衡量，比较双方长短。⑤胜：作出胜负判断。⑥铢：二十四分之一两。镒：二十四两。⑦战民：用于战争的民众。⑧仞：人平伸双臂的长度为一仞。古人有八尺为一仞，七尺为一仞。千仞：形容很高。谿：同溪，山涧。⑨形：军事实力。

玄德用计取樊城·《图像三国志》

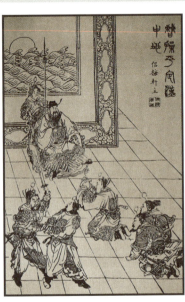

曹操平定汉中地·《图像三国志》

与经典同行　与圣人为伍

势篇第五

孙子曰：凡治众如治寡，分数是也①；斗众如斗寡②，形名是也③；三军之众，可使必受敌而无败者④，奇正是也⑤；兵之所加⑥，如以碫投卵者⑦，虚实是也⑧。

注释：①分数：军队的编制，分指分级，如：军、师、旅、率、两、什、伍。数指各级别的人数，如：二十五人为两，十人为什，五人为伍。②斗众：指挥人数众多的战斗。这里指军队的指挥信号。③形名：旌旗曰形，金鼓曰名。④必受敌：即使受敌攻击。必，简本作"毕"，一旦，即使。⑤奇正：正一般指交战开始投入，与敌正面接触的主攻部队。奇一般指将军手中留下做侧翼接应或发动突袭的机动部队。⑥加：实施。⑦碫：磨刀石。又作碬，音duàn，锻物所垫之墩石。卵：蛋。⑧虚实：以实击虚。

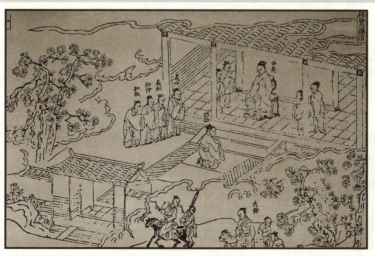

唐尧帝任贤图治　明·《帝鉴图说》

23

凡战者,以正合①,以奇胜②。故善出奇者③,无穷如天地,不竭如江河④。终而复始,日月是也;死而复生,四时是也。声不过五,五声之变⑤,不可胜听也;色不过五,五色之变⑥,不可胜观也;味不过五,五味之变⑦,不可胜尝也。战势不过奇正,奇正之变,不可胜穷也。奇正相生,如循环之无端⑧,孰能穷之⑨!

注释:①以正合:以正道会战。②以奇胜:以奇变取胜。③出奇:运用奇兵制胜。④竭:干涸。⑤五声:宫、商、角、徵、羽。⑥五色:青、白、黑、赤、黄。⑦五味:甜、酸、咸、苦、辣。⑧端:开始,由头。⑨穷之:找到其尽头。

平番得胜图(局部) 明·佚 名

与经典同行　与圣人为伍

激水之疾①，至于漂石者②，势也③；鸷鸟之疾④，至于毁折者，节也⑤。是故善战者，其势险，其节短。势如彍弩⑥，节如发机⑦。

纷纷纭纭⑧，斗乱而不可乱也⑨；浑浑沌沌⑩，形圆而不可败也⑪。乱生于治⑫，怯生于勇⑬，弱生于强。治乱，数也⑭；勇怯，势也⑮；强弱，形也⑯。故善动敌者，形之⑰，敌必从之；予之⑱，敌必取之。以利动之，以卒待之⑲。

势篇第五

注释：①激水：湍急的水流。疾：急疾流过。②漂石：使石头漂浮。③势：强大的力量。④鸷鸟：指善于攫捕小动物的猛禽，如鹰之类。⑤节：节奏。⑥彍弩：张弓。⑦发机：击发弩机。机：发弩的扳钩。⑧纷纷：紊乱。纭纭：多且乱。⑨斗乱：在混乱状态中作战。⑩浑浑沌沌：指阵形不清，难以区分开。⑪形圆：部署军队要四面都能照应。⑫乱生于治：示敌以乱，因于我治。⑬怯生于勇：示敌以怯，因于我勇。怯：迟疑畏缩。勇：骁猛敢斗。⑭数：分数，部队编制。⑮势：兵力的运用。⑯形：军队的各方面实力。⑰形之：以假象欺骗敌人。⑱予之：给敌人以利诱。⑲以卒待之：待敌以伏兵。

25

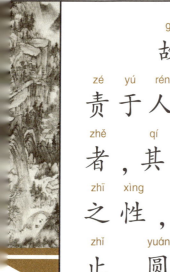

故善战者,求之于势①,不责于人②,故能择人而任势③。任势者,其战人也④,如转木石。木石之性,安则静⑤,危则动⑥,方则止,圆则行。故善战人之势,如转圆石于千仞之山者,势也⑦。

注释:①求之于势:努力使自己处于有利之势。②不责于人:不责备、苛求部下。③择:挑选。任势:运用态势。④战人:指挥士兵作战。⑤安:平坦的地势。⑥危:陡坡。⑦千仞之山:非常陡峻的高山。

孙子兵法

临宋人画之三顾茅庐 明·仇英

虚实篇第六

孙子曰：凡先处战地而待敌者佚①，后处战地而趋战者劳②。故善战者，致人而不致于人③。能使敌人自至者，利之也④；能使敌人不得至者，害之也⑤。故敌佚能劳之，饱能饥之，安能动之⑥。

注释：①**处战地**：占据战场。**佚**：通逸，安逸。②**趋**：快步急走。③**致人**：调动敌人。**致于人**：受敌人调动。④**利之**：以利诱敌。⑤**害之**：妨害敌人。⑥**动之**：使敌军心动摇。

汉武帝蒲轮征贤

明·《帝鉴图说》

出其所必趋①，趋其所不意②。行千里而不劳者，行于无人之地也；攻而必取者，攻其所不守也③。守而必固者，守其所不攻也。

故善攻者，敌不知其所守；善守者，敌不知其所攻。

注释：①出其所必趋：出兵到敌人必然紧急救援之地。②趋其所不意：向敌意料不到的地方急进。③不守：不加防备的地方。

平番得胜图（局部）　明·佚　名

与经典同行 与圣人为伍

微乎微乎①，至于无形；神乎神乎②，至于无声，故能为敌之司命③。

进而不可御者，冲其虚也④；退而不可追者，速而不可及也⑤。

故我欲战，敌虽高垒深沟，不得不与我战者，攻其所必救也⑥；我不欲战，画地而守之⑦，敌不得与我战者，乖其所之也⑧。

虚实篇第六

注释：①微乎：幽深精妙。②神乎：玄妙神奇。③司命：管生死之神。④冲：猛攻，冲击。虚：防备松懈，兵力相对薄弱的地方。⑤及：赶上。⑥救：救援。⑦画地：比喻极易防御，不必建城廓、营栅。⑧乖其所之：改变敌人进攻的方向。乖：背离。之：到，前进。

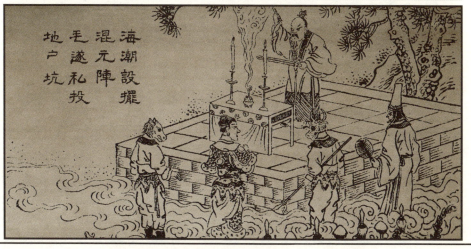

海潮设摆混元阵毛遂私投地户坑·《後列国志》

故形人而我无形①,则我专而敌分②。我专为一,敌分为十,是以十攻其一也。则我众而敌寡,能以众击寡者,则吾之所与战者,约矣③。吾所与战之地不可知④,不可知,则敌所备者多⑤,敌所备者多,则吾所与战者,寡矣⑥。

注释:①形人:使敌露真相。②专:通抟,把散碎的东西聚集成团。指集中兵力。③约:少,指兵力少。④不可知:不被敌人了解。⑤所备者多:防备的地方多。⑥寡:少。

周幽王戏举烽火 明·《帝鉴图说》

与经典同行　与圣人为伍

故备前则后寡,备后则前寡,备左则右寡,备右则左寡,无所不备,则无所不寡。寡者,备人者也;众者,使人备己者也。

故知战之地,知战之日,则可千里而会战①;不知战地,不知战日,则左不能救右,右不能

注释：①会战：集中兵力与敌交战。

虚实篇第六

平番得胜图（局部）　明·佚　名

救左，前不能救後，後不能救前，而况远者数十里①，近者数里乎！

以吾度之②，越人之兵虽多③，亦奚益于胜败哉④？

故曰：胜可为也⑤。敌虽众，可使无斗。

注释：①远者：指自己部队首尾之间相距远。②度：推测。③越人：越国人。④奚益于：对……有何益处。⑤胜可为：可以通过努力争取胜利。

孙子兵法

平番得胜图（局部） 明·佚 名

与经典同行　与圣人为伍

故策之而知得失之计①,作之而知动静之理②,形之而知死生之地,角之而知有余不足之处③。

故形兵之极④,至于无形⑤;无形,则深间不能窥⑥,智者不能谋⑦。

注释:①**策之**:用筹策计算。策、筹、筭是占卜计算的草木竹棍。**得失之计**:得筹、失筹的多少。②**作之**:挑逗。**理**:规律。③**角之**:本指动物以角斗力,此指敌我拼力实战。④**形兵**:伪装佯动诱敌之兵。**极**:精妙,极致。⑤**无形**:无破绽。⑥**深间**:很隐蔽的间谍。**窥**:察觉。⑦**谋**:想到。

虚实篇第六

董卫国纪功图(局部)　清·黄 璧

因形而错胜于众[1]，众不能知。人皆知我所以胜之形[2]，而莫知吾所以制胜之形[3]。故其战胜不复[4]，而应形于无穷[5]。

注释：[1]因形而错胜于众：依据敌情而安排胜计于众。因：依据。错：同措，安置。[2]胜之形：取得胜利的用兵情况。[3]致胜之形：取得胜利的关键。[4]战胜不复：取胜的战术不机械重复。[5]应形：适应敌情。

平番得胜图（局部） 明·佚名

与经典同行 与圣人为伍

夫兵形象水①，水之形，避高而趋下，兵之形，避实而击虚；水因地而制流②，兵因敌而制胜③。故兵无常势④，水无常形⑤。能因敌变化而取胜者，谓之神⑥。

故五行无常胜⑦，四时无常位⑧，日有短长⑨，月有死生⑩。

虚实篇第六

注释：①兵形：用兵之法。②制流：决定流向。③因敌而制胜：根据敌情而定制胜之计。④常势：固定不变的态势。⑤常形：不变的形态。⑥神：玄妙。⑦五行无常胜：金、木、水、火、土五行，古人认为是相生相克的。**胜：**指五行相克。⑧四时无常位：春夏秋冬更替变化，没有固定不变的季节。⑨日有短长：一年中夏至之日白天最长，冬至之日白天最短。⑩月有死生：月亮存在晦朔盈亏。古人称月生光明为生霸，月光由明而转晦为死霸。霸亦作"魄"，是月之光明。

蔡毓荣南征图之洞庭之战　清·佚　名

读经诵典　受益匪浅

军争篇第七

孙子曰：凡用兵之法，将受命于君，合军聚众①，交和而舍②，莫难于军争③。军争之难者，以迂为直，以患为利④。

故迂其途，而诱之以利，後人發，先人至⑤，此知迂直之计者也。

注释：①合军：组建军阵。聚众：动员召集百姓。②交和：两军对峙非常迫近。和：军营的门叫和门。左右两侧的门叫旗门，用战车作营门则叫辕门；用士兵作营门叫人门。舍：宿营。③军争：两军争利争胜。④以迂为直，以患为利：迂，曲折的道路；患，不利。走曲折的路虽然不利，但不受敌注意，可出奇制胜，反而是捷径，对胜战有利。⑤後人發，先人至：比敌人後出發却先到达目的地。

蔡毓荣南征图之辰龙关之战　　清·佚　名

与经典同行　与圣人为伍

故军争为利，军争为危①。举军而争利②，则不及③；委军而争利④，则辎重捐⑤。是故卷甲而趋⑥，日夜不处⑦，倍道兼行⑧，百里而争利，则擒三将军⑨，劲者先，疲者后⑩，其法十一而至⑪；

注释：①**为利：**有好处。**为危：**有险情。②**举军：**全军，带着辎重装备的军队。③**不及：**不能及时。④**委军：**委置重滞，轻兵独进。⑤**捐：**弃捐，损失。⑥**卷甲：**收起铠甲。**趋：**急行。⑦**处：**止，休息。⑧**倍道兼行：**行程加倍。**兼：**加倍。**行：**道路。⑨**三将军：**古代三军之师皆称将军。⑩**劲者先，疲者后：**精壮者先到，疲弱者后至。⑪**其法：**这样做。**十一而至：**十分之一兵力能如期而至。

军争篇第七

汉寿侯五关斩六将·《图像三国志》

虎牢关三战吕布　明·佚名

五十里而争利,则蹶上将军①,其法半至;三十里而争利②,则三分之二至。

是故军无辎重则亡,无粮食则亡,无委积则亡③。

故不知诸侯之谋者,不能豫交④;不知山林、险阻、沮泽之形者⑤,不能行军;不用乡导者⑥,不能得地利。

注释:①蹶:跌倒,受挫。上将军:最尊贵的将军。②三十里:古代日行军三十里为常速,要宿营叫舍。③委积:战备物资。④豫交:豫通预,参与结交。⑤沮泽:水草丛生的沼泽地。⑥乡导:乡通向,指熟悉地形并引导前进方向的人。

北征督运图册之三 清·佚名

与经典同行　与圣人为伍

故兵以诈立①，以利动②，以分合为变者也。

故其疾如风③，其徐如林④，侵掠如火⑤，不动如山，难知如阴⑥，动如雷震，掠乡分众⑦，廓地分利⑧，悬权而动⑨。先知迂直之计者胜，此军争之法也。

注释：①立：成功。②动：采取行动。③疾如风：形容行为迅速。④徐如林：军队缓慢行动时犹如严整的树林。⑤侵：突入敌方领地。掠：抢对方的物资。如火：犹如烈火般迅速。⑥难知如阴：犹如阴蔽之物难以了解。⑦掠乡：抄掠乡村，分其民众。⑧廓地：开拓疆土。分利：分其收获物。⑨悬权而动：权指秤锤；悬权指称物。权衡利害而後采取行动。

军争篇第七

抚远大将军西征图（局部）　清·佚　名

《军政》曰①："言不相闻，故为金鼓②；视不相见，故为旌旗③。"夫金鼓旌旗者，所以一人之耳目也④。人既专一，则勇者不得独进，怯者不得独退，此用众之法也。故夜战多火鼓⑤，昼战多旌旗，所以变人之耳目也⑥。

注释：①军政：古代兵书，春秋时军典。②为：设置。金：钲与铎，用来抑制怒火，故鸣金是收兵的信号。一金放慢攻速，二金停止战斗，三金全面退却，四金转身跑，五金急速向後跑。鼓：用来鼓舞士气，故是进攻信号。一鼓准备，二鼓布阵，三鼓挺进，四鼓交战，五鼓奋力拼杀。③旌旗：用来指挥行动，绿色旗向南方，黑色旗向北方，青色旗向东方，白色旗向西方，黄色旗向中央。④一：统一。耳目：听觉视觉。⑤火鼓：点火和击鼓。⑥变人之耳目：适应军士兵卒的耳目。变：适应

十全敷藻图之阿玉锡袭营　　清·汪承霈

与经典同行　与圣人为伍

故三军可夺气①，将军可夺心②。是故朝气锐，昼气惰，暮气归③。故善用兵者，避其锐气，击其惰归，此治气者也④；以治待乱，以静待哗⑤，此治心者也；以近待远，以佚待劳，以饱待饥，此治力者也⑥；无邀正正之

注释：①夺气：挫伤锐气。②夺心：动摇决心。③锐：气盛。惰：懈怠。归：返，气尽。④治气：人的行气应顺应朝暮变化。⑤哗：军心不安，情绪躁动。⑥治力：运用军队的战斗力。

蔡毓荣南征图（局部）清·佚名

军争篇第七

旗①，无击堂堂之阵②，此治变者也③。

故用兵之法：高陵勿向④，背丘勿逆⑤，佯北勿从⑥，锐卒勿攻，饵兵勿食，归师勿遏⑦，围师遗阙⑧，穷寇勿迫⑨。此用兵之法也。

注释：①邀：拦截。正正：整齐也。②堂堂：兵力强大。阵：兵阵。③治变：随机应变。④向：仰攻，攻击占据高处之地。⑤背丘：背倚丘陵布阵。逆：迎，指正面进攻。⑥佯：假装。北：败北，失败逃跑。从：跟踪追击。⑦归师：正向本土撤退的军队。遏：阻截。⑧围师：被围之军。遗阙：留下缺口。⑨穷寇：指粮草物资尽失，陷入绝境之敌。迫：紧逼。

马谡拒谏失街亭·《图像三国志》

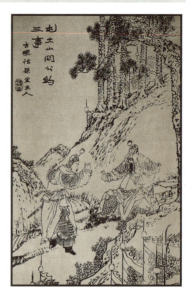

屯土山关公约三事·《图像三国志》

与经典同行　与圣人为伍

九变篇第八

孙子曰：凡用兵之法，将受命于君，合军聚众，圮地无舍①，衢地交合②，绝地无留③，围地则谋④，死地则战⑤；塗有所不由⑥，军有所不击，城有所不攻，地有所不争，君命有所不受⑦。

注释：①圮地：沮洳难行之地。无舍：不作营宿。②衢地：四通八达之地。交合：结交邻国诸侯。③绝地：与後方隔绝之地，溪谷坎险，前无通路之地。无留：不要停留。④围地：易受包围之地。⑤死地：决心死战之地。⑥塗：通途。有所不：有的也不。由：经过。⑦君命：国君的命令。有所不受：有的也可以不执行。

江宁阅兵图（局部）　清·佚　名

故将通于九变之利者①,知用兵矣;将不通于九变之利者,虽知地形,不能得地之利矣;治兵不知九变之术,虽知五利②,不能得人之用矣③。

是故智者之虑,必杂于利害④。杂于利,而务可信也⑤;杂于害,而患可解也⑥。

注释:①九变:即九地之变。②五利:"塗有所不由,军有所不击,城有所不攻,地有所不争,君命有所不受"此五种变通的好处。③得人之用:發挥军队的战斗力。④杂于利害:兼顾利与害。⑤务可信:所务之事可發展。务指所务之事。信:通伸,伸张,發展。⑥患可解:隐患可消除。

报父仇曹操举师·《图像三国志》

关公赚城斩车胄·《图像三国志》

与经典同行　与圣人为伍

是故屈诸侯者以害①，役诸侯者以业②，趋诸侯者以利③。

故用兵之法，无恃其不来④，恃吾有以待也⑤；无恃其不攻，恃吾有所不可攻也。

注释：①屈：使……屈服。②役诸侯者以业：用他们的本业来役使诸侯。业即事务。③趋：使奔走。④恃：依赖。⑤有以待：作好准备。

九变篇第八

关羽擒将图　明·商　喜

故将有五危:必死,可杀也①;必生,可虏也②;忿速,可侮也③;廉洁,可辱也④;爱民,可烦也⑤。凡此五者,将之过也,用兵之灾也。覆军杀将⑥,必以⑦五危,不可不察也。

注释:①必死:拼死硬斗。可杀也:可能被杀。②必生:定要求生,指贪生怕死。可虏也:可能被俘。③忿速:忿怒急切。可侮也:可能中敌激将法。④廉洁:指过分珍惜声誉。可辱也:可能因受辱而中计。⑤爱民:过分仁慈。可烦也:则可能遇事烦乱。⑥覆军:全军被灭。杀将:将帅被杀。⑦以:因为。

袁绍磐河战公孙·《图像三国志》

皇叔败走投袁绍·《图像三国志》

与经典同行　与圣人为伍

行军篇第九

孙子曰：凡处军①、相敌①：绝山依谷②，视生处高③，战隆无登④，此处山之军也⑤。绝水必远水⑥，客绝水而来，勿迎之于水内，令半济而击之⑦，利；欲战者，无附于水而迎客⑧；视生处高，无迎水流⑨，此处水上之军也。绝斥泽⑩，惟亟去无留⑪；若交军于斥泽之中，必依水草而背众树⑫，此处斥泽之军也。平陆

注释：①处军：驻军、安营扎寨。相敌：观察敌情。②绝：渡水、穿越山地。绝山：通过山地。依谷：沿着谷地走。③视生：面向开阔。处高：依托高地。④战隆：与占据高地的敌人战斗。无登：不可仰攻。⑤军：驻军原则。⑥绝水：横渡江河。远水：远离江河。⑦客：敌军。济：渡过。半济：部分渡过部分未过。⑧附于水：靠近水。迎客：迎敌。⑨无迎水流：不要逆水流在敌军下游驻扎。⑩斥泽：盐碱沼泽地带。斥：盐碱地。⑪亟：急、速。⑫依：靠近。背：倚、近。众树：树林。

处易①，而右背高②，前死後生③。此处平陆之军也。凡此四军之利，黄帝之所以胜四帝也④。

凡军好高而恶下，贵阳而贱阴⑤，养生而处实⑥，军无百疾⑦，是谓必胜。丘陵隄防⑧，必处其阳，而右背之。此兵之利，地之助也。

注释：①**平陆：** 平原地带。**处易：** 驻军在平坦的地方。②**右背：** 古代兵法阴阳家以左前（东南）为阳，右背（西北）为阴，认为应向阳背阴。③**前死：** 前方与敵接战之地，为死地。**後生：** 後方为依托之地不须接战，故为生地。④**黄帝胜四帝：** 春秋时将五色配军名：东方青帝太皞，南方赤帝祝融，西方白帝少皞，北方黑帝颛顼，中央黄帝。黄帝靠"右阴、顺术、背冲"之法胜四帝。⑤**贵阳：** 以左前向阳为贵。**贱阴：** 以右後背阴为贱。⑥**养生：** 据有水草之利，可养生。**处实：** 依托高地而驻军。⑦**百疾：** 各种疾病。⑧**隄防：** 拦水的土坝。**隄：** 同堤。

北征督运图册之四 清·佚名

与经典同行　与圣人为伍

上雨①，水沫至②，欲涉者③，待其定也。

凡地，有绝涧、天井、天牢、天罗、天陷、天隙④，必亟去之⑤，勿近也。吾远之，敌近之；吾迎之，敌背之。

注释：①上雨：上游下雨。②水沫至：洪水暴发时，水上泡沫骤至。③涉：蹚水过河。④绝涧：前后险峻，水横其中，断绝人行。天井：四面峻坂，涧壑所归。天牢：三面环绝，易入难出。天罗：草木蒙密，锋镝莫施。天陷：卑下泥泞，车骑不通。天隙：两山相向，洞道狭恶。⑤亟去之：急速离开这些险地。

行军篇第九

精明武略　明·《瑞世良英》

谋勇刚正　明·《瑞世良英》

军旁有险阻①、潢井、葭苇、山林、翳荟者②，必谨复索之③，此伏奸之所处也。

敌近而静者，恃其险也；远而挑战者，欲人之进也。其所居易者④，利也。

注释： ①军旁：驻军的路旁。险阻：一高一下之地为险，多水为阻。②潢井：低深之地。葭苇：芦苇丛生之地。山林：众木所居。翳荟：草木繁茂可屏蔽之处。③必谨复索之：一定要谨慎地反复搜索这些地方。④居易：占据平坦的地方。

张冀德大闹长坂桥·《图像三国志》

关云长义释曹操·《图像三国志》

与经典同行　与圣人为伍

众树动者,来也;众草多障者,疑也;鸟起者,伏也;兽骇者①,覆也②;尘高而锐者③,车来也;卑而广者④,徒来也;散而条达者,樵采也;少而往来者,营军也⑤。

注释: ①骇:惊走。②覆:欲使我全军覆没,指敌人的大规模偷袭。③锐:直也。④卑:低矮。广:宽阔。⑤条达:纵横断绝。樵采:砍伐荆棘柴禾。营军:欲立营垒,以轻兵往来为侦察,故尘少也。

行军篇第九

抗天兵蛮王初受执·《图像三国志》

汉兵劫寨破曹真·《图像三国志》

辞卑而益备者①，进也；辞强而进驱者②，退也；轻车先出，居其侧者，陈也③；无约而请和者，谋也；奔走而陈兵车者，期也④；半进半退者，诱也。

杖而立者⑤，饥也；汲而先饮

注释：①辞卑：言辞谦恭。②进驱：作出进攻态势。③陈：通阵，布军阵。④期：按期会合。⑤杖：同仗，仗即兵器，挂着兵器。

孙武演阵斩美·《片璧列国志》

者①，渴也；见利而不进者，劳也；鸟集者②，虚也③；夜呼者，恐也；军扰者，将不重也④；旌旗动者，乱也；吏怒者⑤，倦也⑥；粟马肉食，军无悬瓿⑦，不返其舍者，穷寇也⑧；谆谆翕翕⑨，徐与人言者⑩，失

注释：①汲：指汲役，取水的役徒。②鸟集：鸟停在树上。③虚：营空。④军扰：军营中纷纷扰扰。重：威信高。⑤吏：指挥军官。⑥倦：兵卒疲劳过度。⑦粟马：以粮食秣马。肉食：杀牛马犒士也。军无悬瓿：破瓿以示决一死战。瓿，一种小口陶罐。⑧穷寇：无路可走之敌寇。⑨谆谆：态度诚恳的样子。翕翕：融洽协调的样子。⑩徐：慢吞吞地。

汉高祖入关约法图　明·《帝鉴图说》

众也①。数赏者，窘也②；数罚者，困也；先暴而后畏其众者③，不精之至也④；来委谢者⑤，欲休息也。兵怒而相迎⑥，久而不合⑦，又不相去⑧，必谨察之。

兵非益多也⑨，惟无武进⑩，足以并力、料敌、取人而已⑪。夫惟无虑而易敌者⑫，必擒于人⑬。

注释：①失众：将领失去军心。②数赏：多次奖赏。窘：困境。③暴：施以强暴。④不精之至：不精明到极点。⑤委：委赘，相见时赠见面礼。谢：谢罪，道歉。⑥迎：兵阵相互对峙。⑦合：交战。⑧去：撤离。⑨益多：多多益善。⑩惟无：只是不要。武进：恃武力而冒进。⑪并力：集合兵力。料敌：分析判断敌情。取人：争得军心。⑫易敌：轻视敌人。⑬擒于人：被敌人生擒。

袁本初损兵折将·《图像三国志》

战官渡本初败绩·《图像三国志》

与经典同行　与圣人为伍

卒未亲附而罚之①，则不服；不服，则难用也。卒已亲附而罚不行，则不可用也。故令之以文②，齐之以武③，是谓必取④。令素行以教其民⑤，则民服；令不素行以教其民，则民不服。令素行者，与众相得也⑥。

注释：①亲：亲近。附：归顺。罚之：惩罚士卒。②令之：教导士卒。文：赏，仁也。③齐之：统一，整齐。武：罚，法也。④必取：必定会取胜。⑤素：平常，平时。⑥相得：相互信任。

行军篇第九

十全敷藻图之驻守西藏　清·汪承霈

地形篇第十

孙子曰：地形有通者①，有挂者②，有支者③，有隘者④，有险者⑤，有远者⑥。我可以往，彼可以来，曰通。通形者，先居高阳⑦，利粮道⑧，以战则利。可以往，难以返，曰挂。挂形者，敌无备，出而胜之，敌若有备，出而不胜，难以返，不利。我出而不利，彼出而不利，曰支。

注释：①通：通达，往来便利。②挂：悬挂、牵阻，易往难返之地。③支：相持之地。④隘：出口狭窄之地。⑤险：高下悬殊之地。⑥远：敌我相距较远之地。⑦高阳：高亢向阳之地。⑧利粮道：方便粮草通畅运送的路。

与经典同行　与圣人为伍

支形者,敌虽利我①,我无出也,引而去之②,令敌半出而击之,利。隘形者,我先居之,必盈之以待敌③。若敌先居之,盈而勿从④,不盈而从之⑤。险形者,我先居之,必居高阳以待敌;若敌先居之,引而去之,勿从也。

注释:①利:以利诱骗。②引:率领。③盈之:布满兵力扼守。④盈而勿从:敌人重兵扼守就不要逐讨。从,逐,逐讨。⑤不盈而从之:敌方兵力不足才能逐讨。

地形篇第十

十全敷藻图册之發兵金川　　清·汪承霈

远形者,势均,难以挑战①,战而不利。凡此六者,地之道也②,将之至任③,不可不察也。

故兵有走者④,有弛者⑤,有陷者⑥,有崩者⑦,有乱者⑧,有北者⑨。凡此六者,非天之灾⑩,将之过也⑪。夫势均,以一击十,曰走;

注释:①挑战:挑动敌人出战。②地之道:分析地形的原则。③至任:最大的责任。④兵:败军。走:跑。⑤弛:废弛,涣散。⑥陷:陷败。⑦崩:溃败。⑧乱:混乱。⑨北:败北。⑩天之灾:自然条件造成的败势。⑪过:错误。

十全敷藻图之台湾归来　清·汪承霈

卒强吏弱①，曰弛；吏强卒弱，曰陷；大吏怒而不服②，遇敌怼而自战③，将不知其能，曰崩；将弱不严，教道不明④，吏卒无常⑤，陈兵纵横⑥，曰乱；将不能料敌，以少合众⑦，以弱击强，兵无选锋⑧，曰北。凡此六者，败之道也，将之至任，不可不察也。

注释：①卒强吏弱：士卒强悍，将帅懦弱。②大吏：小将也。③怼：怒也。④教道：训练士卒之章法。⑤无常：没有法纪。⑥陈兵纵横：列队布阵，杂乱无章。陈同阵。⑦合：交兵。⑧选锋：精选勇敢之士为先锋。

十全敷藻图之回疆入版图　清·汪承霈

读经诵典　受益匪浅

夫地形者，兵之助也①。料敌制胜②，计险阨③、远近，上将之道也④。知此而用战者必胜，不知此而用战者必败。

故战道必胜⑤，主曰无战⑥，必战可也；战道不胜，主曰必战，无战可也。故进不求名，退

注释：①兵之助：用兵作战的辅助条件。②制胜：制服敌人取胜。③险阨：地势的高下广窄。阨通隘。④上将：高明的将领。⑤战道：克敌制胜的原则。⑥主曰：君主命令。

孙子兵法

十全敷藻图之西藏善后　清·汪承霈

不避罪,惟人是保①,而利合于主②,国之宝也。

视卒如婴儿,故可与之赴深豀③;视卒如爱子,故可与之俱死④。厚而不能使⑤,爱而不能令⑥,乱而不能治,譬若骄子⑦,不可用也。

注释:①保:保全。②利合于主:符合国君的利益。③深豀:高峻的山涧,指危险之地。豀同溪。④俱死:同生死。⑤厚而不能使:宽待却不能差使。⑥爱而不能令:溺爱却不能命令。⑦譬若:犹如。骄子:娇惯的孩子。

地形篇第十

阅武楼阅武图(局部)　清·弘旿

知吾卒之可以击，而不知敌之不可击，胜之半也①；知敌之可击，而不知吾卒之不可以击，胜之半也；知敌之可击，知吾卒之可以击，而不知地形之不可以战，胜之半也。故知兵者，动而不迷②，举而不穷③。故曰：知彼知己，胜乃不殆④；知天知地，胜乃不穷。

注释：①胜之半：胜利把握不大。②动而不迷：军事行动果断不疑。不迷，事事合乎机理，不迷惑。③举而不穷：采取的策略灵活多样。④殆：危险。

十全敷藻图之安南国王至避暑山庄　清·汪承霈

与经典同行　与圣人为伍

九地篇第十一

孙子曰：用兵之法，有散地①，有轻地②，有争地③，有交地④，有衢地⑤，有重地⑥，有圮地⑦，有围地⑧，有死地⑨。诸侯自战其地，为散地；入人之地而不深者，为轻地。我得则利，彼得亦利者，为争地；我可以往，彼可以来者，为交地；诸侯之地三属，先至而得天下

注释：①散地：诸侯在自己领地内作战，士兵由于思乡怀土，精神易涣散，危急时易开小差逃散。②轻地：进入敌境不深的地方作战。③争地：两军相争之地。④交地：两国接壤之地。⑤衢地：与众多国界接壤的四通八达之地。⑥重地：深入敌境心专意一，作战不会逃散之地。⑦圮地：水毁曰圮，指沮洳难行之地。⑧围地：入口狭窄，归路迂曲，易遭敌围困之地。⑨死地：前受敌阻，背负险固，战则得生，不战必败之地。

63

之众者,为衢地;入人之地深,背城邑多者,为重地;行山林、险阻、沮泽,凡难行之道者,为圮地;所由入者隘,所从归者迂,彼寡可以击吾之众者,为围地;疾战则存,不疾战则亡者,为死地。

是故散地则无战,轻地则无

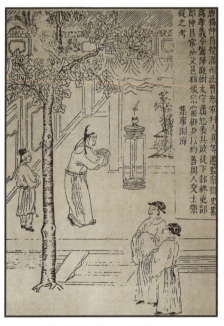

治颖封侯 明·《瑞世良英》

清盗惠民 明·《瑞世良英》

与经典同行　与圣人为伍

止①，争地则无攻②，交地则无绝③，衢地则合交④，重地则掠⑤，圮地则行⑥，围地则谋⑦，死地则战。

所谓古之善用兵者，能使敌人前后不相及⑧，众寡不相恃⑨，贵贱不相救⑩，上下不相收⑪，卒离而不集⑫，兵合而不齐⑬。合于利而

九地篇第十一

注释：①无止：不要停留。②争地则无攻：遇争地则先占据要点，不要让敌军占领后再去攻击。③无绝：不要断绝联系。④合交：结交邻国。⑤掠：夺取粮草。⑥行：迅速通过。⑦围地则谋：在围地则用奇谋以免被敌包围。⑧相及：顾及，策应。⑨众寡不相恃：大部队与小分队之间不能相依协同。⑩贵贱：尊贵的和卑下的，指将卒。相救：互相援助。⑪收：通纠，纠集。⑫离而不集：杂乱分散而不能集合起来。⑬兵合：交战阵形。

梁山泊收关胜·杨柳青年画

动①，不合于利而止。敢问："敌众整而将来②，待之若何？"曰："先夺其所爱③，则听矣④。"

兵之情主速⑤，乘人之不及⑥。由不虞之道⑦，攻其所不戒也。

凡为客之道⑧：深入则专⑨，主

注释：①动：果敢行动。②众整：兵卒多而阵列整齐。将来：将要攻击我方。③爱：最珍惜的，即指关键。④听：服从。⑤主速：重在迅速。⑥不及：措手不及。⑦不虞：想不到的。⑧为客之道：到敌境作战的原则。⑨深入则专：深入敌境作战则士卒专心一意。

托屯田姜维避祸·《图像三国志》

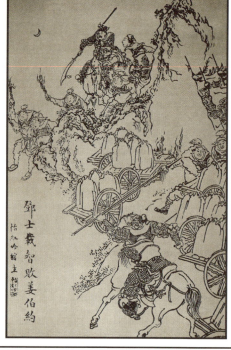

邓士载智败姜伯约·《图像三国志》

人不克①；掠于饶野②，三军足食。谨养而勿劳③，并气积力④；运兵计谋⑤，为不可测⑥。

投之无所往⑦，死且不北⑧。死焉不得⑨，士人尽力。兵士甚陷则不惧⑩，无所往则固⑪，深入则拘⑫，不得已则斗⑬。

注释：①克：战胜。②饶野：物产丰饶之地。③谨养：细心地休整军队。④并气：保持士气。⑤运兵：部署兵力。⑥为不可测：让敌人难以判断。⑦投之无所往：把军队置于无路可走的境地。⑧死且不北：宁死也不战败。⑨死焉不得：不怕死，哪里不能攻克呢？⑩甚陷：深入险境。⑪固：指军心稳定。⑫拘：束缚。⑬不得已则斗：处境危险则勇敢战斗。

文鸯单骑退雄兵·《图像三国志》

诸葛瞻战死绵竹·《图像三国志》

是故，其兵不修而戒①，不求而得②，不约而亲③，不令而信④，禁祥去疑⑤，至死无所之⑥。吾士无馀财，非恶货也⑦；无馀命，非恶寿也。令发之日⑧，士卒坐者涕沾襟⑨，偃卧者涕交颐⑩，投之无所往者，诸、刿之勇也⑪。

注释：①**不修而戒**：不整治就会自发戒备。②**不求而得**：不强求即可达目的。③**不约而亲**：不加以约束就会团结。④**不令而信**：不必申令也会信守军规。⑤**禁祥去疑**：禁止迷信，消除部属的疑虑。⑥**无所之**：哪里也不擅自离去。之，去，到。⑦**恶**：讨厌。⑧**令发**：战令颁布。⑨**涕沾襟**：眼泪湿润衣袖口。襟：衣袖口。⑩**偃卧**：仰卧躺下。颐：面颊。⑪**诸**：专诸，春秋时吴棠邑人，为吴公子光（後即位为吴王阖闾）刺杀吴王僚。**刿**：曹刿，春秋时鲁人，齐鲁柯之盟以匕首劫齐桓公于坛上，求返鲁三败所亡之地。

四平山·杨柳青木版年画

与经典同行　与圣人为伍

故善用兵者，譬如率然①。率然者，常山之蛇也②。击其首则尾至，击其尾则首至，击其中则首尾俱至。敢问："兵可使如率然乎？"曰："可。"夫吴人与越人相恶也，当其同舟而济③，遇风，其相

注释：①率然：轻松反应灵敏的样子。此指古代传说中的一种蛇名。《神异经·西荒经》："西方山中有蛇，头尾差大，有色五彩。人物触之者，中头则尾至，中尾则头至，中腰则头尾并至，名曰率然。"②常山：即恒山，西汉时避汉文帝刘恒讳改为常山，北周武帝时又改恒山。③济：渡河。

九地篇第十一

姜维背水破大敌·《图像三国志》

孙仲谋大战张文远·《图像三国志》

救也如左右手。是故方马埋轮①，未足恃也；齐勇若一，政之道也；刚柔皆得，地之理也。故善用兵者，携手若使一人，不得已也。

将军之事②：静以幽③，正以治。能愚士卒之耳目，使之无知；易其事④，革其谋⑤，使人无识；易其居，迂其途，使人不得虑。帅与

注释：①方马：把马并排缚住，固定下来。②将军：指挥军队。③静以幽：冷静而又深沉。④易：改变。⑤革：更新。

博望坡军师初用兵·《图像三国志》

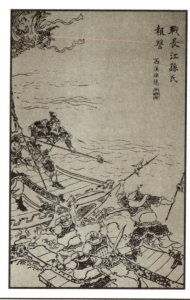

战长江孙氏报仇·《图像三国志》

之期①,如登高而去其梯;帅与之深入诸侯之地,而发其机②,焚舟破釜③,若驱群羊④,驱而往,驱而来,莫知所之。聚三军之众,投之于险,此谓将军之事也。九地之变,屈伸之力,人情之理,不可不察也。

凡为客之道:深则专,浅则

注释:①期:约定的任务。②发其机:扳动弩机,比喻决定战事。③釜:锅。④驱:赶。

爱华山大战金兀术·杨柳青年画

散。去国越境而师者[1]，绝地也；四达者[2]，衢地也；入深者，重地也；入浅者，轻地也；背固前隘者，围地也；无所往者，死地也。

是故散地，吾将一其志；轻地，吾将使之属[3]；争地，吾将趋其后[4]；交地，吾将谨其守[5]；衢地，吾

注释：[1]师：出兵。[2]四达：四面通达。[3]使之属：使部队相互连接。属即连接。[4]趋其后：使后续部队迅速赶上。[5]谨其守：坚壁慎守。

关云长放水淹七军·《图像三国志》

曹操大宴铜雀台·《图像三国志》

将固其结①；重地，吾将继其食②；圮地，吾将进其塗③；围地，吾将塞其阙④；死地，吾将示之以不活。

故兵之情：围则御⑤，不得已则斗，过则从⑥。

是故不知诸侯之谋者，不能预交⑦；不知山林、险阻、沮泽之形者，不能行军；不用乡导者，不能

注释：①固其结：巩固各方结盟。②继其食：粮食供应充分。③进其塗：迅速通过。塗：通途。④塞其阙：封堵缺口。⑤围则御：被包围就抵御。⑥过则从：陷之过甚，则从计也。陷于十分危险的境地，士卒就会听从指挥。⑦预交：参与结交。

占对山黄忠逸待劳·《图像三国志》

猛张飞智取瓦口隘·《图像三国志》

得地利。四五者不知一,非王霸之兵也①。夫王霸之兵,伐大国,则其众不得聚②;威加于敌,则其交不得合③。

是故不争天下之交④,不养天下之权⑤,信己之私⑥,威加于敌,故其城可拔⑦,其国可隳⑧。

注释:①王霸:实行王道,称霸诸侯。②其:指大国。③其:指敌方。④不争天下之交:不必与所有国家结交。⑤不养天下之权:不事奉天下发达之权势。⑥信己之私:施展自己的意图。信同伸,发展。私,意图。⑦拔:攻占。⑧隳:毁坏。

万人敌图·《古今图书集成图集》

施无法之赏①,悬无政之令②。犯三军之众③,若使一人。犯之以事,勿告以言;犯之以利,勿告以害。投之亡地然后存,陷之死地然后生。夫众陷于害,然后能为胜败④。

故为兵之事⑤,在于顺详敌之意⑥,并敌一向⑦,千里杀将。此谓

注释:①无法:超常的。②悬:颁布。无政之令:超常规的政令。③犯:约束。④为胜败:从危亡之境转败为胜。⑤为兵:排兵布阵。⑥顺详:伪装顺从。详通佯。⑦并敌一向:并兵向敌。集中兵力对付某一方敌人。

轮流发弩图·《古今图书集成图集》

轮流进弩图·《古今图书集成图集》

九地篇第十一

巧能成事者也。是故政举之日①，夷关折符②，无通其使③，厉于廊庙之上④，以诛其事⑤。敌人开阖⑥，必亟入之⑦，先其所爱⑧，微与之期⑨，践墨随敌⑩，以决战事。是故始如处女⑪，敌人开户⑫；後如脱兔⑬，敌不及拒。

注释：①政举：计谋开始实施。②夷关：封锁边关。折符：销毁通关用之符节。③使：外交使节。④厉：通砺，反复计议。⑤诛：责成，决定之意。⑥开阖：打开门户，指有可乘之机。⑦亟：急速。⑧先其所爱：首先攻击敌人的关键。⑨微：暗地里。与之期：寻找交战机会。⑩践：履行。墨：绳墨。践墨：按既定计划行动。随敌：随敌情而变化。⑪处女：未出嫁的女子，喻其静。⑫开户：开门，指放松戒备。⑬脱兔：逃走的兔子，喻其动。

曹阿瞒退兵斜谷·《图像三国志》

关帝圣迹图之狗郡得将 清·汪潮

与经典同行　与圣人为伍

火攻篇第十二

孙子曰：凡火攻有五：一曰火人①，二曰火积②，三曰火辎③，四曰火库④，五曰火队⑤。

行火必有因⑥，烟火必素具⑦。发火有时，起火有日。时者，天之燥也；日者，月在箕、壁、翼、轸也。凡此四宿者，风起之日也⑧。

凡火攻，必因五火之变而应之：火发于内⑨，则早应之于外。火发兵静者⑩，待而勿攻；极其火

注释：①火：烧。人：敌军。②积：粮草。③辎：机械辎重。④库：军备库。⑤队：攻城的冲锋队。⑥因：客观条件。⑦素具：经常有准备。⑧四宿：二十八宿中箕、壁、翼、轸四个星宿，月亮运行到这四个位置就会起风。⑨内：敌营内部。⑩兵静：敌营安静。

读经诵典 受益匪浅

力①，可从而从之②，不可从而止。火可发于外，无待于内③，以时发之。火发上风，无攻下风。昼风久④，夜风止。凡军必知有五火之变，以数守之⑤。

故以火佐攻者明⑥，以水佐攻者强⑦。水可以绝⑧，不可以夺⑨。夫战胜攻取，而不修其功者凶⑩，

注释：①极其火力：让火力达到最大。②可从而从之：能进攻就趁机进攻。从：进攻敌人。③无待于内：不必等待内应。④昼：白天。⑤数：指时、日、昼夜等具体情况。⑥明：明显，指效果明显。⑦强：攻势强。⑧绝：阻断。⑨夺：攘除凶祟叫夺。即毁灭。⑩修其功：加强其战果。凶：不好。

破曹丕徐盛用火攻·《图像三国志》

三江口周郎纵火·《图像三国志》

命曰费留①。故曰：明主虑之②，良将修之③。非利不动，非得不用，非危不战。主不可以怒而兴师，将不可以愠而致战④。合于利而动，不合于利而止。怒可以復喜，愠可以復说⑤，亡国不可以復存，死者不可以復生。故明君慎之，良将警之。此安国全军之道也⑥。

注释：①费留：耗费资财而滞留不归。②明主：英明的君主。③修之：修其功之意。④愠：恼怒。⑤说：通悦，高兴。⑥全军：保全兵力。

陆逊营烧七百里·《图像三国志》

火龙船图·《古今图书集成图集》

火攻篇第十二

用间篇第十三

孙子曰:凡兴师十万,出征千里,百姓之费,公家之奉①,日费千金;内外骚动②,怠于道路③,不得操事者,七十万家④。相守数年⑤,以争一日之胜,而爱爵禄百金⑥,不知敌之情者,不仁之至也,非人之将也,非主之佐也,非胜之主也⑦。

故明君贤将所以动而胜人,成功出于众者⑧,先知也⑨。先

注释:①奉:同俸,供养俸禄,指军费开支。②骚动:不安宁。③怠:疲惫。④操事者:操持从事农耕。七十万家:曹操注:"古者八家为邻,一家从军,七家奉之,言十万之师举,不事耕稼者,七十万家。"⑤相守:相持,对峙。⑥爱:吝啬。⑦主:主宰。⑧出于众:出类拔萃。⑨先知:预先了解情况。

知者,不可取于鬼神,不可象于事①,不可验于度②,必取于人,知敌之情者也。

故用间有五:有因间③,有内间,有反间,有死间,有生间。五间俱起④,莫知其道⑤,是谓神纪⑥,人君之宝也。因间者,因其乡人而用之⑦;内间者,因其官人

注释:①象于事:指筮占。象事指易筮的"象数之学"。②验于度:以天象度数来验证。度,躔度,指日月星辰在天空中运行的度数。③因间:指利用敌国的乡野之民作间谍。④俱起:都运用。⑤道:规律。⑥神纪:神妙莫测之道。⑦乡人:(敌国之)乡野村夫。

张良吹箫破楚兵·杨柳青年画

而用之①；反间者，因其敌间而用之②；死间者，为诳事于外③，令吾间知之④，而传于敌间也⑤；生间者，反报也⑥。

故三军之事，莫亲于间⑦，赏莫厚于间，事莫密于间。非圣智不能用间⑧，非仁义不能使间⑨，非微

注释：①官人：(敌国之)官吏。②敌间：敌国派来的间谍。③诳事于外：在外散布假情报。④令吾间知之：让我方间谍了解意图。⑤传于：传达给。⑥反报：指获取我方情报后返回敌方的敌间。⑦莫亲于间：没有比间谍更值得亲信的。⑧圣智：能通晓极深奥极隐私道理的人叫圣，聪明有谋叫智。⑨仁义：宽厚待人叫仁，慷慨助人叫义。

董太师大闹凤仪亭·《图像三国志》

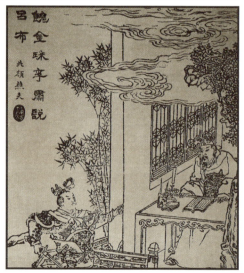

馈金珠李肃说吕布·《图像三国志》

与经典同行　与圣人为伍

妙不能得间之实①。微哉微哉②！无所不用间也。间事未发而先闻者，间与所告者皆死。

凡军之所欲击，城之所欲攻，人之所欲杀，必先知其守将③、左右④、谒者⑤、门者⑥、舍人之姓名⑦，令吾间必索知之⑧。

注释：①微妙：精细，巧妙。实：实情。②微哉：细致啊。③守将：守城之将。④左右：守将身边近侍之臣。⑤谒者：通事人。⑥门者：守门人。⑦舍人：门客。⑧令：命令。吾间：我方间谍。索：打探。

用间篇第十三

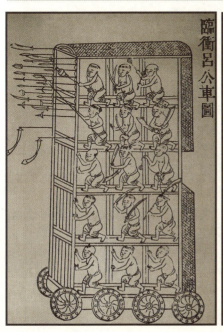

临冲吕公车图·《古今图书集成图集》

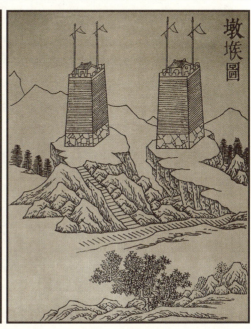

墩堠图·《古今图书集成图集》

孙子兵法

必索敌人之间来间我者①,因而利之②,导而舍之③,故反间可得而用也;因是而知之④,故乡间、内间可得而使也;因是而知之,故死间为诳事,可使告敌;因是而知之,故生间可使如期⑤。五间之事,主必知之,知之必在于反间,故反

注释:①索:搜出。间我者:刺探我方情报的人。②利:施之以利,收买。③导而舍之:诱导後释放敌人间谍。④因是:因此。⑤如期:按期返回。

曹操抹书间韩遂·《图像三国志》

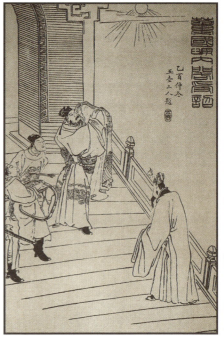

董国舅内阁受诏·《图像三国志》

与经典同行　与圣人为伍

间不可不厚也①。

昔殷之兴也②，伊挚在夏③；周之兴也④，吕牙在殷⑤。故惟明君贤将，能以上智为间者，必成大功。此兵之要⑥，三军之所恃而动也⑦。

注释：①不可不厚：奖赏不能不丰厚。②昔：古时候。殷：公元前十七世纪，商汤灭夏桀都于亳（今河南商丘），後商王盘庚迁都于殷（今河南安阳），故称殷商。兴：兴起，壮大。③伊挚：即商臣伊尹，名挚，五就汤五就桀，然後合于汤。夏：公元前二十一世纪到公元前十七世纪，自禹至桀，先後建都安邑（今山西闻喜）、阳翟（今河南禹县），传至桀，为商汤所灭。共传十四代，十七王，四百七十馀年。④周：公元前十一世纪，周武王灭商纣建都镐京（今陕西西安）。⑤吕牙：姜尚，名望，字子牙。齐国太公，三就文王三入殷，然後合于文王。为周武王军师，助武王灭商纣。⑥要：关键的，重要的。⑦所恃而动：依赖间谍的情报而决定军事行动。

用间篇第十三

伊挚像

吕牙像

附：

《史记·孙子列传》

汉·司马迁

孙子武者，齐人也。以兵法见于吴王阖闾。阖闾曰："子之十三篇，吾尽观之矣，可以小试勒兵乎？"对曰："可。"阖闾曰："可试以妇人乎？"曰："可。"于是许之，出宫中美女，得百八十人。孙子分为二队，以王之宠姬二人各为队长，皆令持戟。令之曰："汝知而心与左右手背乎？"妇人曰："知之。"孙子曰："前，则视心；左，视左手；右，视右手；后，即视背。"妇人曰："诺。"约束既布，乃设鈇钺，即三令五申之。于是鼓之右，妇人大笑。孙子曰："约束不明，申令不熟，将之罪也。"復三令五申而鼓之左，妇人復大笑。孙子曰："约束不明，申令不熟，将之罪也。既已明而不如法者，吏士之罪也。"乃欲斩左右队长。吴王从台上观，见且斩爱姬，大骇。趣使使下令曰："寡人已知将军能用兵矣。寡人非此二姬，食不甘味，愿勿斩也。"孙子曰："臣既已受命为将，将在军，君命有所不受。"遂斩队长二人以徇。用其次为队长，于是復鼓之。妇人左右前後跪起皆中规矩绳墨，无敢出声。于是孙子使使报王曰："兵既整齐，王可试下观之，唯王所欲用之，虽赴水火犹可也。"吴王曰："将军罢休就舍，寡人不愿下观。"孙子曰："王徒好其言，不能用其实。"于是阖闾知孙子能用兵，卒以为将。西破强楚，入郢，北威齐、晋，显名诸侯，孙子与有力焉。

三十六计

明·佚名

孔明出山图 明·佚名

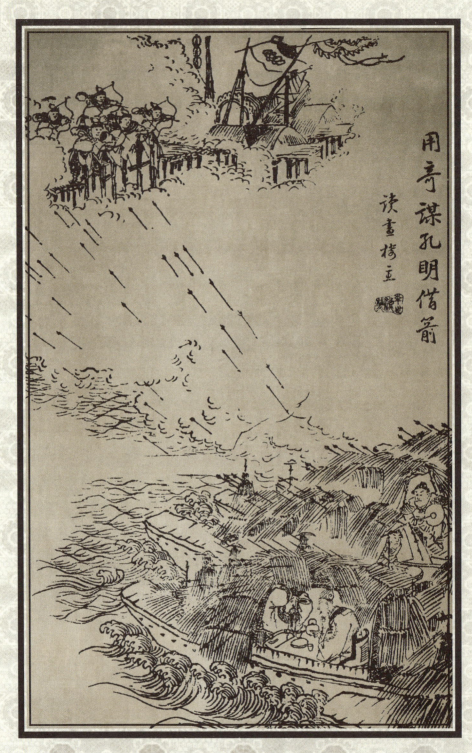

用奇谋孔明借箭·《图像三国志》

聘庞图 明·倪端

读经诵典　受益匪浅

总说 (zǒng shuō)

三十六计

解语　六六三十六[①](liù liù sān shí liù)，数中有术[②](shù zhōng yǒu shù)，术中有数。阴阳燮理[③](yīn yáng xiè lǐ)，机在其中[④](jī zài qí zhōng)。机不可设，设则不中[⑤](jī bù kě shè, shè zé bú zhòng)。

注释：①六六三十六：《易经》阴数六，借用《易经·坤卦》之太阴六六之数，喻诡计多端，变化无常。②数：《十一家注孙子·形篇》何氏曰："数，机变也。先酌量彼我强弱利害，然后为机数。"此处引申为计算各方优势。术：手段，计谋，方略。③阴阳：本指背阴向阳，古代兵家阴阳家即以"顺时而发，推刑德，随斗击，固五胜，假鬼神而为助者也"。燮理：协调治理。燮，谐调，调和。④机：机谋，机变。⑤设：主观臆造。中：击中目标。

威镇夷夏 明·《瑞世良英》

勇服寰宇 明·《瑞世良英》

按 解语重数不重理①。盖理②，术语自明；而数则在言外③。若徒知术之为术，而不知术中有数，则术多不应④。且诡谋权术，原在事理之中，人情之内。倘事出不经⑤，则诡异立见⑥，诧世惑俗⑦，而机谋泄矣⑧。

或曰：三十六计中，每六计成为一套。第一套为胜战计，第二套为敌战计，第三套为攻战计，第四套为混战计，第五套为并战计，第六套为败战计。

注释：①解语：说明的话语。重：侧重。数：筹算。理：本义是对玉进行加工。此指空泛的道理。②盖：连接上句，引出原因。③言外：这些语言文字以外去揣摸。④应：应验。⑤不经：即违背常理，违背原则。经，常规，原则，常理。⑥诡异：不正常，奇特怪异。诡，奇异。见：通现，發现。⑦诧世惑俗：引起世人惊疑。⑧泄：暴露。

长坂坡·杨柳青年画

第一套 胜战计[①]

第一计 瞒天过海[②]
（mán tiān guò hǎi）

解语 备周则意怠[③]，常见则不疑。阴在阳之内，不在阳之对[④]。太阳，太阴[⑤]。

注释：①**胜战计**：在己方处于优势，敌方处于劣势时采取的计谋。包括瞒天过海、围魏救赵、借刀杀人、以逸待劳、趁火打劫、声东击西六计。②**瞒天过海**：语出《永乐大典·薛仁贵征辽事略》。唐贞观十七年，唐太宗御驾东征至海边，薛仁贵将大船以彩幕装饰成百姓家，宴饮乐甚。突然风声、波浪声巨响，太宗一看愕然，已在茫茫海上航行。瞒天过海原意是瞒着皇帝，平稳地渡过海。用于军事上，是一种示假隐真的疑兵之计，通过战略伪装，以达到出其不意的战斗效果。天，指皇帝。③**备周**：防备周密。**意怠**：思想松懈。④**阴**：指机密隐蔽。**阳**：指暴露、公开。**对**：对立、相反的方面。此句指机密隐蔽在公开的行动中，但不与公开的行动相对立。⑤**太阳，太阴**：根据阴阳互相转化的规律，阳极而阴生，阴极而阳动。

汉宫春晓图 明·尤 求

按 阴谋作为①，不能于背时秘处行之②。夜半行窃，僻巷杀人，愚俗之行③，非谋士之所为也。如：开皇九年④，大举伐陈⑤。先是弼请缘江防人⑥，每交代之际⑦，必集历阳⑧，大列旗帜，营幕蔽野⑨。陈人以为大兵至，悉发国中士马⑩，既而知防人交代，其众复散。後以为常，不复设备⑪。及若弼以大军济江⑫，陈人弗之觉也⑬。因袭南徐州⑭，拔之⑮。

注释：①阴谋作为：秘密的谋略和行为。阴谋，计谋，秘谋。②背时：背地里。指无用的时候。秘处：隐秘之处。③愚俗：愚蠢而鄙俗。④开皇：隋文帝建国年号，开皇九年即公元589年。⑤伐：攻打。陈：南朝之陈国，陈霸先建于公元557年，建都建康（今南京）。⑥弼：隋朝大将贺若弼。请：请求，要求。缘江：即沿江。防人：守卫之士卒。⑦交代：即换防。⑧历阳：地名，今安徽和县。⑨蔽：遮挡，遮蔽。⑩发：集结。⑪设备：设置防备。⑫及：等到。济：渡过。⑬弗之觉：没有觉察。⑭南徐州：即江苏镇江。⑮拔：攻克，攻取。

薛仁贵·清人绘

唐太宗·清人摹绘

第一套 胜战计

第二计 围魏救赵[①]

解语 共敌不如分敌[②]，敌阳不如敌阴[③]。

注释：①围魏救赵：《史记·孙子吴起列传》载：战国时魏国围攻赵国都城邯郸。赵国向齐国求救。齐国出师救赵。齐将田忌采用军师孙膑的策略，乘魏重兵在外，国内空虚之时，引兵围攻魏都大梁，迫使魏军回撤，并乘其疲惫途中予以截击，大破魏军，从而解除邯郸之围，救了赵国。在军事上即指包抄进攻之敌的后方据点来迫使其撤兵的战术。②共敌：集中兵力的敌人。分敌：分散兵力的敌人。③敌阳：正面攻击敌人。敌阴：背後偷袭敌人。

马服君单解韩围·《东周列国志》

信陵君窃符救赵·《东周列国志》

与经典同行　与圣人为伍

按 治兵如治水：锐者避其锋，如导流①；弱者塞其虚，如筑堰②。如当齐救赵时，孙子谓田忌曰："夫解杂乱纠纷者不控拳③，救斗者④，不搏击⑤。批亢捣虚⑥，形格势禁⑦。则自为解耳。"

注释：①**导流**：疏导，分流。《孙子·虚实篇》："夫兵形象水，水之形，避高而趋下；兵之形，避实而击虚。水因地而制流，兵因地而制胜。故兵无常势，水无常形；能因敌变化而取胜者，谓之神。"②**筑堰**：修筑堤坝。③**控拳**：握紧拳头。④**救斗者**：解开打架的人。救，解围。⑤**不搏击**：自己不参与打斗。⑥**批亢捣虚**：攻击其要害和虚弱点。批，用手打，引申为攻击。亢，咽喉部位，形容要害。虚，虚弱的地方。⑦**形格势禁**：即被形势所阻碍。格，阻止，阻碍。禁，禁止，禁阻。

第一套　胜战计

庞涓夜走马陵道　明·《元曲选》

孙膑马陵伏弩·《百将图传》

读经诵典 受益匪浅

第一套 胜战计

第三计 借刀杀人[①]

三十六计

【解语】 敌已明，友未定[②]，引友杀敌[③]。不自出力，以《损》推演[④]。

注释： ①借刀杀人：即利用各方矛盾，借敌方内部力量或盟友的力量削弱或消灭敌对势力。②友：盟友。③引：引诱，引导。④《损》：《易经·损卦》："象曰：损，损下益上，其道上行。"意思是说：减损下方，增益上方。其方向是由下向上进行的，有所损必有所得。

史万岁单骑赌胜·《百将图传》

伯颜回军斩将·《百将图传》

第一套 胜战计

按 敌象已露,而另一势力更张,将有所为,便应借此力以毁敌人。如:郑桓公将袭郐①,先问郐之豪杰、良臣、辨智、果敢之士,尽与姓名,择郐之良田赂之②,为官爵之名而书之③;因为设坛场郭门之外而埋之④,衅之以鸡豭⑤,若盟状⑥。郐君以为内难也⑦,而尽杀其良臣。桓公袭郐,遂取之。诸葛亮之和吴拒魏及关羽围樊、襄,曹欲徙都⑧,懿及蒋济说曹曰⑨:"刘备、孙权外亲内疏,关羽得志,权必不愿也。可遣人劝蹑其后⑩,许割江南以封权,则樊围自解。"曹从之,羽遂见擒⑪。

注释: ①郑桓公:西周末年郑国的君主。郐:西周时郑国附近小国。②赂:贿赂。因请托而赠与财物。③书:写明。④坛场:祭坛,用来祭祀天地、表明心愿的祭祀场所。郭门:指城门。郭:古代在城的外围加筑的一道城墙。⑤衅:古代祭祀天地的仪式,用牺牲的血涂在新制的器物上,引申为涂抹。豭:公猪。⑥盟:盟约,盟誓。⑦内难:内部叛乱。难:灾难,祸乱。⑧曹:曹操,东汉丞相,封魏王。曹丕建立魏国后追尊魏武帝。⑨懿:司马懿,曹操的主簿。说:劝说。⑩蹑:跟踪,追随。⑪见擒:被擒。

赵云截江夺阿斗·杨柳青年画

第一套 胜战计

第四计　以逸待劳[①]

解语　困敌之势[②]，不以战。损刚益柔[③]。

注释：①以逸待劳：语出《孙子兵法·军争篇》："以近待远，以佚待劳，以饱待饥，此治力者也。"即避开敌方锐气，使敌方疲惫以达到克敌制胜的目的。逸，安逸；劳，疲劳。②势：情势、趋势。③损刚益柔：《易经·损卦》："象曰：损，损下益上，其道上行。……损刚益柔有时，损益盈虚，与时偕行。"意思说：减损下的阳刚以增益上之阴柔要适时，事物的减损增益、盈满亏虚都要与时机相配合。刚，指进攻的士气和态势。柔，指防御的心理和形势。

将帅之臣　明·《瑞世良英》

魏胜据关饮宴·《百将图传》

按 此即致敌之法也①。兵书云："凡先处战地而待敌者佚②，後处战地而趋战者劳③。故善战者，致人而不致于人④。"兵书论战，此为论势，则其旨非择地以待敌，而在以简驭繁⑤，以不变应变，以小变应大变，以不动应动，以小动应大动，以枢应环也⑥。

如管仲寓军令于内政，实而备之。孙膑于马陵道伏击庞涓，李牧守雁门，久而不战，而实备之，战而大破匈奴。

注释：①致敌：调动敌人。致：招引，调动。②佚：同逸，安闲。指从容休整，养精蓄锐。③趋战：仓促奔赴战场。趋：奔赴，奔向。④致人而不致于人：即调动敌人而不被敌人所调动。⑤以简驭繁：用简单的方法控制复杂局面。简，简单。繁，繁琐，复杂。驭，驾御，控制。⑥以枢应环：即把握事物的关键，从容应对周围事物的变化。枢，枢纽，中心环节，关键部位。环，围绕，指四周。

管仲像·明万历《三才图绘》刻本

李牧像·清人绘

第一套 胜战计

第五计 趁火打劫^①
（chèn huǒ dǎ jié）

解语 敌之害大^②，就势取利，刚决柔也^③。

注释：①**趁火打劫**：《孙子兵法·计篇》："乱而取之。"《西游记》第十六回："正是财动人心，他一不救火，二不叫水，拿着那袈裟，趁火打劫，驾着黑云，径直回到了黑风洞。"本意是趁别人家里失火，正是一片混乱时，去偷抢别人的财物。此指当敌人遇到麻烦或危难时，乘机出兵攻击，制服对手。②**害**：重大灾难，处于危险境地。③**刚决柔也**：《易经·夬卦》："象曰：夬，决也，刚决柔也。"意思是说：夬，就是决断，犹如阳刚君子果断地制裁阴柔小人。军事上，当战争形势对己利时，要果断地进攻战胜敌人。决，冲破，引申为战胜。

火烧博望坡·杨柳青年画

三十六计

按 敌害在内①,则劫其地②;敌害在外③,则劫其民;内外交害④,则劫其国。如越王乘吴国内蟹稻不遗种而谋攻之⑤。后卒乘吴北会诸侯于黄池之际⑥,国内空虚,因而捣之⑦,大获全胜。

注释:①敌害在内:指国内有暴乱或处境艰难。②劫:占领。③敌害在外:指外敌入侵。④交:一齐,交相。⑤越王:春秋时越王勾践,因战败而甘作吴王奴隶,卧薪尝胆以图复仇,后打败吴王夫差。蟹稻不遗种:螃蟹死光,水稻颗粒无收。种,种子。⑥卒:终于。黄池:地名,今河南封丘县内。公元前482年,吴王夫差和晋定公、鲁哀公、齐简公等诸侯国君到黄池会盟争当霸主。越王勾践趁吴国空虚出兵灭吴。⑦捣:攻击。

夫差违谏释越·《东周列国志》

灭夫差越王称霸·《东周列国志》

第一套 胜战计

第六计 声东击西①

解语 敌志乱萃②，不虞③。坤下兑上之象④。利其不自主而取之⑤。

注释：①**声东击西**：语出杜佑《通典》："声言击东，其实击西。"即表面说要攻打东边，实际却攻打西边。军事上即以假象迷惑敌人，伪装攻击方向，出其不意夺取胜利。②**敌志乱萃**：形容敌人神志慌张，乱成一团。萃，丛生的草。《易经·萃卦》："象曰：乃乱乃萃，其志乱也。"意思是：行动混乱并与人杂聚一起，其心志已经迷乱。③**不虞**：意料不到。④**坤下兑上之象**：指泽地萃卦的卦象。坤象征地，兑象征泽。《易经·萃卦》："象曰：泽上于地，萃。君子以除戎器，戒不虞。"意思是说：水聚集在地上而成泽，象征聚集。君子应当修治兵器，以防意外之事发生。《六十四卦经解·萃》："泽上于地，则聚水者堤防耳。故有溃决之虞。"意思是说，水聚在地上成泽，要用堤防蓄积，但聚得多，堤防就有溃决的危险。这是该计谋的依据。⑤**利**：利于……时。**不自主**：不能自己定主意。

三十六计

周亚夫细柳式车·《百将图传》

臧宫城门断限·《百将图传》

按 西汉，七国反①，周亚夫坚壁不战②。吴兵奔壁之东南陬③，亚夫便备西北④。已而⑤，吴王精兵果攻西北，遂不得入。此敌志不乱，能自主也。

汉末，朱隽围黄巾于宛⑥，张围结垒⑦，起土山以临城内，鸣鼓攻其西南，黄巾悉众赴之⑧。隽自将精兵五千，掩其东北⑨，遂乘虚而入。此敌志乱萃，不虞也。

然则声东击西之策，须视敌志乱否为定。乱，则胜；不乱，将自取败亡。险策也！

注释：①七国反：指西汉七国之乱。公元前154年，汉景帝时吴王刘濞为首的七个分封国王，以诛杀"削藩"的晁错为名，起兵叛乱。历时三个月被平息。②周亚夫：西汉名将，沛县（今江苏省沛县）人，绛侯周勃之子，初封条侯。景帝三年（公元前154年）率兵平定吴、楚等七国之乱，後升丞相职位。坚壁不战：即固守寨堡不出兵，待敌粮尽力竭之後再举兵反击。③陬：角落。④备：加强防备。⑤已而：不久。⑥朱隽：即朱俊，字公伟。东汉会稽上虞（今浙江省上虞）人。东汉朝廷派他为右中郎将，与皇甫嵩等镇压黄巾军。围攻韩忠十万人于宛县，运用声东击西的战策获胜。後封钱塘侯。黄巾：东汉末年，以张角为首创立"太平道"，公元184年起义，义军头缠黄巾，称黄巾军。後遭血腥镇压而失败。宛：宛县，今河南南阳。⑦张：设。围：包围。垒：军营墙壁或防守工事。⑧悉：皆，都。⑨掩：突袭。

周亚夫·清人绘

班超·清人绘

第二套 敌战计[1]

第七计 无中生有[2]
（wú zhōng shēng yǒu）

解语 诳也[3]（kuáng yě），非诳也（fēi kuáng yě），实其所诳也（shí qí suǒ kuáng yě）。少阴（shào yīn），太阴（tài yīn），太阳（tài yáng）[4]。

注释：[1]敌战计：敌我双方实力相当，各有优劣情况下采取的计谋。敌战计包括无中生有、暗渡陈仓、隔岸观火、笑里藏刀、李代桃僵、顺手牵羊。[2]无中生有：计出老子《道德经》第四十章："天下万物生于有，有生于无。"无中生有本指凭空捏造，栽赃陷害。军事上指以假乱真，以真乱假，造成敌人摸不着头脑、防不胜防的一种计谋。[3]诳：欺诈，迷惑。用假象欺骗人。[4]少阴，太阴，太阳：原指《易经》中的兑卦（少阴）、巽卦（太阴）、震卦（太阳）。是四象中的三象，叠起为风雷益卦。《易经·益卦》："益，利有攸往，利涉大川。"意思是"有利于前进，有利于渡过大河"。这是一种冒险成功的启示。由少阴之象而积累为太阴之象。"阴极阳生"，则必然转化为太阳之象。阴若代表假象，阳则为真象。由小的假象而促成的假象，似乎是确实的假象，最后将这种假象变成真象。

毕再遇建旗骇敌·《百将图传》

马燧披心示贼·《百将图传》

按 无而示有,诳也。诳不可久而易觉①,故无不可以终无②。无中生有,则由诳而真,由虚而实矣。无,不可以败敌;生有,则败敌矣。

如令狐潮围雍丘③,张巡缚稿为人千余④,披黑衣,夜缒城下⑤。潮兵争射之,得箭数十万。其後復夜缒人⑥,潮兵笑,不设备⑦。乃以死士五百斫潮营⑧,焚垒幕⑨,追奔十餘里。

注释: ①觉:察觉,發现。②终:始终,一直。③令狐潮:本为雍丘(今河南杞县)县令,後成为唐朝叛将安禄山的部将。④张巡:唐将,安史之乱时,起兵守雍丘,打败令狐潮。公元757年移守睢阳(今河南省商丘南),城陷,被杀。缚稿为人:即扎草人。稿,禾秆。⑤缒:用绳悬人或物使下坠。⑥復:又,再。⑦不设备:没有防备。⑧死士:勇猛敢死之人。斫:用刀斧砍。⑨焚:烧毁。垒幕:营垒帐幕。

第二套 敌战计

沈庆之狐帽吓蛮·《百将图传》

张巡像

第二套 敌战计

第八计 暗渡陈仓[①]

解语 示之以动[②]，利其静而有主[③]，益动而巽[④]。

注释：①暗渡陈仓：此计全称"明修栈道，暗渡陈仓"，典出《史记·淮阴侯列传》：秦末群雄逐鹿中原，刘邦入关中，攻进咸阳，项羽鸿门宴后刘邦退守汉中，将汉中通往关中的栈道烧毁以示不再回来。後刘邦大将韩信东征，一边派兵修復栈道，暗地却派大军绕道陈仓發动突袭，平定三秦。军事上"暗渡陈仓"指采取正面佯攻，当敌军被我牵制而集结固守时，我军却暗地迂回进攻，出奇制胜。陈仓：地名，在今陕西宝鸡东二十里处。②动：行动、动作。③静：平静。主：主张。④益动而巽：《易经·益卦》："象曰：益动而巽，日进无疆。"意思是说：顺着常理而行动，就会每天都有增益，直到永远。巽，在八卦中象征风，顺风而行，必然容易。军事上，使用暗渡陈仓之计，则所有行动必须顺应条件。

袭陈仓武侯取胜·《图像三国志》

吕子明白衣渡江·《图像三国志》

按 奇出于正①，无正则不能出奇。不明修栈道②，则不能暗渡陈仓。

昔邓艾屯白水之北③，姜维遣廖化屯白水之南而结营焉④。艾谓诸将曰："维今卒还⑤，吾军少，法当来渡⑥。而不作桥。此维使化持我⑦，今不得还，必自东袭取洮城矣⑧。"艾即夜潜军，径到洮城，维果来渡。而艾先至，据城，得以不破。

此则是姜维不善于用暗渡陈仓之计，而邓艾察知其声东击西之谋也。

注释：①**奇**：军事上一般指将领留下做侧翼接应或发动突袭的机动部队。古人称一为"馀奇"，认为它是数字变化的关键：任何偶数加一都可变为奇数，任何奇数减一都可变为偶数，所以只要手中留有馀奇，就可造成任何变化。战事上，机动力量也称馀奇，它往往是获胜的关键。**正**：军事上与奇并用，指交战开始时，与敌正面接触的主攻部队。②**栈道**：在险绝的山上或悬崖绝壁用竹木架设的道路。③**邓艾**：三国时魏国人，字士载。被司马懿叹为军事奇才。初为司马懿掾属，後作为镇西将军，公元263年同钟会分兵入蜀，灭之。後为钟会所杀。**屯**：聚集。**白水**：即桓水、强川，源出岷山。邓艾与蜀将姜维相拒之地。邓艾在北岸，姜维在南岸。④**姜维**：三国时蜀将，字伯约，多建奇功。**廖化**：三国蜀将，字元俭。⑤**维**：指姜维部队。**卒**：通猝，突然。⑥**法**：指按一般的作战规则。⑦**化**：指廖化。**持**：牵制。⑧**洮城**：今甘肃岷县西百里处。

读经诵典 受益匪浅

第二套 敌战计

三十六计

第九计 隔岸观火① gé àn guān huǒ

解语 阳乖序乱②，阴以待逆③。暴戾恣睢④，其势自毙。顺以动，豫；豫，顺以动⑤。

注释：①隔岸观火：计名初见于唐代僧人乾康："隔岸红尘忙似火，当轩青嶂冷如冰。"其计策源自《孙子兵法·军争篇》："以治待乱，以静待哗。"即当两股敌对势力相争时，我应静止不动，观其变化。直到有利于自己时，才相机出动，坐收渔利。②阳乖序乱：指敌方内部矛盾激化，以致秩序公开地表现出多方面的混乱，相互倾轧。阳，指公开的。乖，违背，不协调。③阴：暗暗地。逆：叛逆。④暴戾恣睢：凶恶残暴，任意横行。暴戾，残暴凶狠；恣睢，横暴的样子。⑤顺以动，豫；豫，顺以动：《易经·豫卦》："象曰：豫，刚应而志行，顺以动，豫；豫，顺以动。"豫，即喜悦。豫卦坤下震上。顺以动，坤在下是顺，震在上是动。《易豫·卦疏》："谓之豫者，取逸豫之义。以和顺而动，动不违众，众皆豫悦也。"意思是说：顺应时机，采取和顺的态度，就会愉快。

郭嘉遗计定辽东·《图像三国志》

夺冀州袁尚争锋·《图像三国志》

按 乖气浮张①，逼则受击，退则远之，则乱自起。

昔袁尚、袁熙奔辽东②，众尚有数千骑。初，辽东太守公孙康，恃远不服③。及曹操破乌丸④，或说操遂征之⑤，尚兄弟可擒也。操曰："吾方使康斩送尚、熙首来⑥，不烦兵矣⑦。"九月，操引兵自柳城还，康即斩尚、熙，传其首⑧。诸将问其故，操曰："彼素畏尚等⑨，吾急之，则并力⑩；缓之则相图⑪。其势然也。"

或曰：此兵书火攻之道也。按兵书《火攻篇》⑫，前段言火攻之法，後段言慎动之理，与隔岸观火之意，亦相吻合。

注释：①乖气：指敌方分崩离析的情势、氛围。浮张：暴露。②袁尚、袁熙：三国时袁绍的儿子，袁绍死後，袁尚、袁熙逃奔辽西乌丸，乌丸败，又投奔辽东公孙康，被公孙康所杀。③公孙康：三国时期公孙度的儿子，曾割据辽东。後被曹操任命为左将军。恃：依仗。④乌丸：又称乌桓，东胡族的一支，为北方大患，后为曹操所破。⑤或：有人。说：劝说。⑥方：正。首：头。⑦烦：劳。⑧传：送。⑨彼：指公孙康。素：向来。⑩并力：联合起来对外。⑪相图：相互图谋。⑫《火攻篇》：《孙子》十三篇之一。

第二套 敌战计

第十计 笑里藏刀①

解语 信而安之②，阴以图之③；备而後动④，勿使有变⑤。刚中柔外也⑥。

注释：①笑里藏刀：语出《旧唐书》："义府貌状温恭，与人语必嬉怡微笑，而褊忌阴贼。既处权要，欲人附己，微忤意者，则加倾陷。故时人言：义府笑中有刀。"军事上指运用伪善手段，欺骗麻痹对方，来掩盖己方的军事行动。②信：使相信。安：使安然。这里指不生疑心。③阴：暗地里。④备：充分准备。⑤变：指意外的变化。⑥刚中柔外：即外柔内刚之意，表面上柔顺和悦，内心里却刚强不屈。

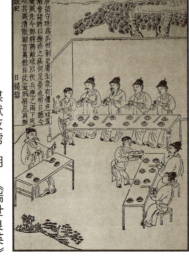

谋猷灭虏 明·《瑞世良英》

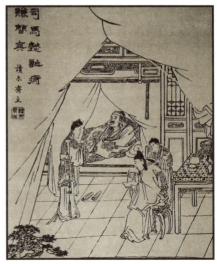

司马懿诈病赚曹爽·《图像三国志》

与经典同行 与圣人为伍

按 兵书云："辞卑而益备者①，进也②；……无约而请和者③，谋也。"故凡敌人之巧言令色④，皆杀机之外露也⑤。

宋曹玮知渭州⑥，号令明肃，西夏人惮之⑦。一日玮方对客弈棋，会有叛卒数千⑧，亡奔夏境。堠骑报至⑨，诸将相顾失色，公言笑如平时，徐谓骑曰⑩："吾命也⑪，汝勿显言⑫。"西夏人闻之，以为袭己，尽杀之。此临机应变之用也。若勾践之事夫差⑬，则竟使其久而安之矣。

注释： ①辞卑：言辞谦卑。益备：加紧战备。②进：以退为进。③约：相约。④巧言令色：花言巧语，讨好于人。巧言，说好听话；令色，讨好的善变表情。⑤杀机：杀人的动向。引申为战争迹象。⑥曹玮：宋朝大将曹彬之子，有勇谋，善用兵。知渭州：做渭州知州。渭州：北宋时辖地，相当于今甘肃之平凉、华亭、崇信及宁夏之泾源等地。⑦西夏：古国名，党项族所建，1038年李元昊定都兴庆（今银川东南）。後为蒙古所灭。惮：害怕。⑧会：適逢。⑨堠骑：骑马的侦察兵。堠：古代用来侦察的土堡。⑩徐：慢慢地。谓：对……说。⑪命：命令。⑫勿显言：不要声张。⑬事：侍奉。

第二套 敌战计

勾践竭力事吴·《东周列国志》

吴玠黄柑遗敌·《百将图传》

111

读经诵典　受益匪浅

第二套　敌战计

第十一计　李代桃僵[①]

lǐ dài táo jiāng

解语　势必有损[②]，损阴以益阳[③]。

注释：①**李代桃僵**：语出《乐府诗集·鸡鸣篇》："桃生露井上，李树生桃旁。虫来啮桃根，李树代桃僵。树木身相代，兄弟还相忘？" 僵，僵死，枯萎。本义喻指兄弟休戚与共的情谊。军事上，指在敌我双方势均力敌的情况下，用小的代价换取大的胜利。②**势**：局势。**损**：损失。③**损阴以益阳**：损失一部分，保全大局。即牺牲一部分利益来增强全军的主动性，取得战争的胜利。阴，指小的，局部。阳，指大的，全局。

庞涓兵败桂陵·《东周列国志》

马陵道万弩射庞涓·《东周列国志》

与经典同行　与圣人为伍

按 我敌之情①，各有长短②，战争之事，难得全胜，而胜负之决，即在长短之相较；而长短之相较，乃有以短胜长之秘诀。

如以下驷敌上驷③，以上驷敌中驷，以中驷敌下驷之类，则诚兵家独具之诡谋，非常理之可推测者也。

注释：①我敌：敌我双方。②长短：优势和劣势。③以下驷敌上驷：事见《史记·孙子吴起列传》。战国时齐国将军田忌赛马，孙膑献策：以将军的下等马对对方的上等马，上等马对中等马，中等马对下等马，结果田忌两胜一负，获得比赛胜利。

第二套 敌战计

辞鬼谷孙膑下山·《东周列国志》

田忌赛马·《新列国志》

113

第二套 敌战计

第十二计 顺手牵羊[shùn shǒu qiān yáng]①

三十六计

解语 微隙在所必乘②[wēi xì zài suǒ bì chéng]，微利在所必得③[wēi lì zài suǒ bì dé]。少阴，少阳④[shào yīn，shào yáng]。

注释：①顺手牵羊：名出《古今杂剧·尉迟恭单鞭夺槊》："我也不听他说，是我把右手带住他马，左手揪着他眼札毛，顺手牵羊一般拈了他来了。"计出《草庐经略·游兵》："伺敌之隙，乘间取胜。"意即看准敌方的漏洞，向敌人的薄弱处发展，创造和捕捉战机的一种策略。②微：细小的。隙：空隙，漏洞。指可乘之机。③微利：微小的利益。④少阴，少阳：阴之初生，阳之初生。意指敌人微小的漏洞或失误，可以被我们利用取得微小的胜利。

马超大战葭萌关·《图像三国志》

赵云截江夺阿斗·《图像三国志》

与经典同行　与圣人为伍

按 大军动处①，其隙甚多②，乘间取利③，不必以战。胜固可用，败亦可用。

注释：①动：指兵力调遣、运动。②隙：指疏忽、过失。③乘间：趁机之意。乘：趁着，凭借。间：夹缝，空隙。

据汉水赵云寡胜众·《图像三国志》

第二套　敌战计

第三套 攻战计①

第十三计 打草惊蛇②

解语 疑以叩实③，察而后动④。复者，阴之媒也⑤。

注释：①**攻战计**：是进攻中谋取胜利的计谋。包括打草惊蛇、借尸还魂、调虎离山、欲擒故纵、抛砖引玉、擒贼擒王六条计。②**打草惊蛇**：计出段成式《酉阳杂俎》，据载南唐当涂县令王鲁贪赃敛财。他的主簿（相当于秘书）被人联名告发，某日审理案卷时，他随手在状纸上写下："汝虽打草，吾已蛇惊。"意即你们虽然打的是草，我却像草里的蛇受到惊吓。军事上指在敌方兵力没有暴露、行踪诡秘、意向不明时，切不可轻敌冒进，应查清敌方主力配置和运动状况后再采取行动。③**疑以叩实**：有疑点就打探清楚。疑，有疑点；叩，打探，询问。实，实情。④**察而后动**：弄明白后再行动。察，弄明白。⑤**复者**：反复做，即反复叩实。阴：隐藏的。媒：媒介。全句意为"反复叩实是发现隐情的手段"。

庞令名抬榇决死战·《图像三国志》

讨汉贼五臣死节·《图像三国志》

按 敌力不露①，阴谋深沉②，未可轻进，应遍探其锋③。兵书云："军旁有险阻、潢井、葭苇、山林、翳荟者④，必谨复索之⑤，此伏奸之所处也。"⑥

注释：①敌力：敌方兵力。②深沉：隐藏得很深。③探：侦察，打听。锋：兵器锐利的部分，也指前锋。此处指敌军实力。④潢井：积水之地。葭苇：芦苇丛生之地。翳荟：草木丛生之处。⑤谨：仔细。索：搜索。⑥语见《孙子·行军篇》。

第三套 攻战计

诸葛亮火烧新野·《图像三国志》

读经诵典　受益匪浅

第三套　攻战计

第十四计　借尸还魂[①]
jiè shī huán hún

三十六计

解语　有用者，不可借[②]；不能用者，求借[③]。借不能用者而用之，匪我求童蒙，童蒙求我[④]。

注释：①**借尸还魂：**语出元代杂剧《吕洞宾度铁拐李》：相传李玄曾遇太上老君得道，一次李玄的魂魄离开躯体游山玩水，徒弟们见其躯体已僵硬，误以为死了，便将其火化了。等魂魄归来却无所依托，便依附在路旁的跛足乞丐尸体上，李玄吹了口仙气，便将竹杖变成铁杖，故名铁拐李。借尸还魂比喻已经死亡的东西，借着另一种形式出现。军事上是指在自己处于被动的情况下，要善于扭转局势，争取主动，以实现目的。②**有用者，不可借：**凡有作为之人，往往难以为己所用。③**不能用者，求借：**凡没有作为的人，常依赖别人才能立足，往往会求助于人。④**匪我求童蒙，童蒙求我：**《易经·蒙卦》："象曰：匪我求童蒙，童蒙求我，志应也。"意思是说：不是我有求于蒙昧的幼童，而是他前来求教于我，那么，童子则受支配。运用在这一计谋中便是别人受我控制，我不受制于人。

韩魏公断借尸还魂　明·《铁拐李》

骷髅幻戏图　宋·李嵩

按 换代之际①，纷立亡国之後者②，固借尸还魂之意也③。凡一切寄兵权于人④，而代其攻守者，皆此用也。

注释：①换代：改朝换代。②亡国之後：已被推翻的国君後代。③固：原本。④寄兵权于人：托别人名义掌握兵权。

铁拐李借尸还魂图 宋·颜辉

第三套 攻战计

第三套 攻战计

第十五计 调虎离山①

解语 待天以困之②，用人以诱之，往蹇来返③。

注释：①调虎离山：源出《管子·形势解》："虎豹，兽之猛者也，属深林广泽之中则人畏其威而载之。……故虎豹去其幽而近于人，则人得之而易其威。"军事上指如果敌人兵力众多而又占据了有利的地势，我方应把敌人引出坚固的据点或诱入对我军有利的地区，方能取胜。②天：即天时。《孙子·计篇》："天者，阴阳、寒暑、时制也。"指对战争起重大影响的天气状况和时机。困：困扰、困乏。③往蹇来反：《易经·蹇卦》："九三，往蹇来反。"意思是说：九三，往前行走有困难，返原处。象曰："蹇，难也。险在前也，见险而能止，知矣哉。"意思是：往前去有危险，知难而退，是明智之举。运用在战争中，即明知敌人占据有利条件，就不要硬闯，应设法调开他们，使敌人离开那些有利条件。

虞诩增灶断追·《百将图传》

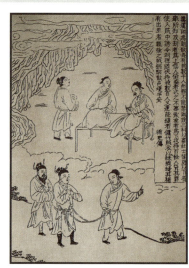

群盗屏除　明·《瑞世良英》

按 兵书曰："下政攻城①。"若攻坚，则自取败亡矣。敌既得地利，则不可争其地。且敌有主而势大。有主②，则非利不来趋③；势大，则非天人合用，不能胜。

汉末，羌率众数千④，遮虞诩于陈仓崤谷⑤。诩即停军不进，而宣言上书请兵⑥，须到乃发⑦。羌闻之，乃分抄旁县⑧。诩因其兵散⑨，日夜进道⑩，兼行百馀里⑪；令军士各作两灶，日倍增之。羌不敢逼，遂大破之。兵到乃发者，利诱之也；日夜兼进者，用天时以困之也；倍增其灶者，惑之以人事也。

注释： ①**下政攻城**：语出《孙子·谋攻篇》："故上兵伐谋，其次伐交，其次伐兵，其下攻城。"认为攻城是最下策，是迫不得已的举动。**政**：决策。②**有主**：指处于主动地位。③**趋**：指攻击。④**羌**：古时西北地区的一支少数民族。⑤**遮**：阻挡。**虞诩**：东汉将领，字升卿。曾为武都（今甘肃省成县西北）太守，率兵平羌。**崤谷**：位于今陕西宝鸡西南。⑥**宣言**：扬言。⑦**须**：一定要。**发**：出发，进军。⑧**分抄旁县**：分散到旁边各县抢掠财物。⑨**因**：趁着。⑩**进道**：赶路。⑪**兼行**：加倍赶路。

智取生辰纲·杨柳青年画

第三套 攻战计

第十六计 欲擒故纵[1]

【解语】 逼则反兵[2]，走则减势[3]。紧随勿迫[4]，累其气力，消其斗志，散而後擒，兵不血刃[5]。需，有孚，光[6]。

注释： ①欲擒故纵：语出《老子》："将欲歙之，必固张之；将欲弱之，必固强之；将欲废之，必固兴之；将欲夺之，必固与之。"故，故意。纵，放走。意为想要捉住他，就故意放开他。在军事上指为了更好地控制敌人，故意放松一步，使之丧失警惕，斗志松懈，再伺机歼灭敌人。②逼：用武力逼迫。反兵：指回师反扑。③走：逃跑。势：气势。④随：跟随。迫：逼迫。⑤兵：兵器。血刃：刀刃染血，即作战。⑥需，有孚，光：《易经·需卦》："需：有孚，光亨，贞吉⋯⋯利涉大川。"意思是说：停止不前，等待时机，心存诚意，就会光明亨通，大吉大利，足以涉河渡江。运用在此计就是停止进攻，给敌人一线逃命生机，在没有战斗力的时候，再奋力攻击他们，就会取得更大的胜利。

诸葛亮·清殿藏本

烧藤甲七擒孟获·《图像三国志》

按 所谓纵者，非放之也，随之，而稍松之耳。"穷寇勿追①"，亦即此意。盖不追者，非不随也，不迫之而已。武侯之七纵七擒②，即纵而蹑之③，故展转推进④，至于不毛之地。武侯之七纵，其意在拓地⑤，在借孟获以服诸蛮⑥，非兵法也。若论战，则擒者不可復纵。

注释：①穷寇勿追：《孙子兵法·军争篇》："围师必阙，穷寇勿追。"即包围敌人定要留有缺口，对陷入绝境的敌人不要过分逼迫。穷，穷途，无路可走。②武侯：即诸葛亮，其爵位为武乡侯。七纵七擒：公元225年，诸葛亮南征孟获，七擒七纵，最后孟获心悦诚服，誓不复反。③蹑：追踪。④展转：即辗转，反复之意。⑤拓：扩张。⑥服：使……服从。蛮：指南方少数民族。

武侯高卧图　明·朱瞻基

第三套 攻战计

第十七计 抛砖引玉① (pāo zhuān yǐn yù)

解语 类以诱之②，击蒙也③。(lèi yǐ yòu zhī, jī méng yě)

注释：①抛砖引玉：抛出砖去，引回玉来。出自《景德传灯录·从谂禅师》："大众晚参，师云：'今夜答话去也，有解问者出来。'时有一僧便出，礼拜。曰：'比来抛砖引玉，却引得个墼子。'"墼子即砖坯。比喻先发表自己的见解，引出别人的高见。用于军事，指先用相类似的事物去迷惑、诱骗敌人，使其懵懂上当，中我圈套，然后乘机击败敌人的计谋。②类以诱之：即以同类诱之。类，类似，同类。③击蒙：《易经·蒙卦》："上九，击蒙，不利为寇，利御寇。"意思说：上九，制服蒙昧，不利于进攻，而利于防御。《六十四卦经解·蒙》："击，治也。"运用在战争中，就是使敌人糊涂，以打败他们。

奔剑阁张郃中计·《图像三国志》

乐毅济上劳军·《百将图传》

按 诱敌之法甚多，最妙之法，不在疑似之间①，而在类同②，以固其惑③。以旌旗金鼓诱敌者，疑似也；以老弱粮草诱敌者，则类同也。

如楚伐绞④，军其南门⑤。屈瑕曰⑥："绞小而轻⑦，轻则寡谋，请无捍采樵者以诱之⑧。"从之。绞人获利，明日绞人争出，驱楚役徒于山中⑨。楚人坐守其北门，而伏诸山下⑩，大败之，为城下之盟而还⑪。又如孙膑减灶而诱杀庞涓⑫。

注释：①疑似：似是而非。②类同：即相同。③固：牢固，不动摇。惑：迷惑。④楚伐绞：鲁桓公十二年，楚武王进攻绞国。⑤军：屯兵。⑥屈瑕：楚武王之子，封于屈地，故以屈为姓。⑦轻：指绞国的君臣皆轻狂。⑧请：请求。无捍采樵者：不以士卒去捍卫打柴的人。捍，保护。⑨楚役：指为楚国打柴的人。⑩伏诸山下：在山下伏击绞人。诸，之于，之代指绞人。⑪为：达成。⑫孙膑减灶：公元前341年，魏国攻打韩国。齐宣王派田忌、孙膑救韩。孙膑直入魏国，利用魏国人认为齐国人胆怯的心理，用减灶的方法，使庞涓误以为齐军逃兵多而轻骑追击，追至马陵道遭孙膑伏击，庞涓兵败自杀。

楚人伏兵劫盟主·《东周列国志》

姜维弃粮胜魏兵·《图像三国志》

读经诵典 受益匪浅

第三套 攻战计

第十八计 擒贼擒王(qín zéi qín wáng)①

三十六计

解语 摧(cuī)其坚(qí jiān)，夺其魁(duó qí kuí)②，以解其(yǐ jiě qí)体(tǐ)③。龙战于野(lóng zhàn yú yě)，其道穷也(qí dào qióng yě)④。

注释：①擒贼擒王：语出唐代诗人杜甫《前出塞》："挽弓当挽强，用箭当用长。射人先射马，擒贼先擒王。"用于军事即指打垮敌军主力，擒拿敌军首领，使敌军彻底瓦解的谋略。②魁：头名，指元首。③解其体：瓦解全军。④龙战于野，其道穷也：《易经·坤卦》："象曰：龙战于野，其道穷也。"意思说，龙战于原野里，便是到了穷途末路了。

司马懿克日擒孟达·《图像三国志》

南霁云射蒿辨贼·《百将图传》

与经典同行　与圣人为伍

按 攻胜①，则利不胜取②。取小遗大，卒之利、将之累、帅之害、功之亏也③。全胜而不摧坚擒王，是纵虎归山也。擒王之法，不可图辨旌旗④，而当察其阵中之首动⑤。

昔张巡与尹子奇战⑥，直冲敌营，至子奇麾下⑦，营中大乱，斩贼将五十馀人，杀士卒五千馀人。巡欲射子奇而不识，剡蒿为矢⑧。中者喜⑨，谓巡矢尽⑩，走白子奇⑪，乃得其状⑫。使霁云射之⑬，中其左目，几获之⑭，子奇乃收军退还。

第三套　攻战计

注释： ①**攻胜**：进攻取得了胜利。②**利**：利于。**不胜取**：不乘胜掠夺敌人的更多物资。③**卒**：士卒。**亏**：亏损。④**图辨旌旗**：只根据战旗来辨认。**图辨**：按旗上的绘图来分辨。⑤**首动**：即首先发布号令之处。⑥**张巡**：唐将，安史之乱时率部抵抗乱军。肃宗至德二年守睢阳（今河南省商丘南），被安庆绪的部将尹子奇围困，数月后被杀。⑦**麾**：指挥旗。⑧**剡蒿为矢**：削尖蒿草作为箭。**剡**，削尖。**蒿**，草名。**矢**，箭。⑨**中者**：被射中的人。⑩**谓**：以为。⑪**走**：跑。**白**：告诉。⑫**其**：指尹子奇。**状**：相貌。⑬**霁云**：南霁云，张巡部下，后与张巡一同殉国。⑭**几**：差点，几乎。

长江夺阿斗·杨柳青年画

第四套 混战计①

第十九计 釜底抽薪②

解语 不敌其力③，而消其势，兑下乾上之象④。

注释：①混战计：在战局不稳定，敌我双方均处在相对混乱时采取的计谋。包括釜底抽薪、混水摸鱼、金蝉脱壳、关门捉贼、远交近攻、假道伐虢六条计。②釜底抽薪：语出北魏魏收《为侯景叛移梁朝文》："抽薪止沸，剪草除根。"釜，一种锅。把锅底下烧着的柴草拿走。比喻从根本上解决问题。军事上是指要想从根本上消灭敌人，就应该削弱敌人的气势和斗志，然后战而胜之。③敌：对抗。④兑下乾上之象：《易经·履卦》："履虎尾，不咥人，亨。""象曰：履，柔履刚也。"其意思是：柔顺者小心地随在刚强者之後，则不会受到伤害，一切顺利。

王敦篡位·杨柳青年画

三十六计

按 水沸者，力也，火之力也，阳中之阳也①，锐不可当；薪者，火之魄也②，即力之势也，阳中之阴也，近而无害。故力不可当而势犹可消。尉缭子曰③："气实则斗，气夺则走④。"而夺气之法，则在攻心。

昔吴汉为大司马⑤，有寇夜攻汉营，军中惊扰，汉坚卧不动。军中闻汉不动，有顷乃定⑥。乃选精兵反击，大破之。此即不直当其力而扑消其势也。

宋薛长儒为汉、湖、滑三州通判⑦，驻汉州。州兵数百叛，开营门，谋杀知州、兵马监押⑧，烧营以为乱。有来告者，知州、监押皆不敢出。长儒挺身徒步⑨，自坏垣入其营中⑩，以福祸语乱卒曰⑪："汝辈皆有父母妻子，何故作此？叛者立于左，胁从者立于右⑫！"于是，不与谋者数百人皆趋立于右，独主谋者十三人突门而出⑬，散于诸村野，寻捕获⑭。时谓非长儒⑮，则一城涂炭矣⑯！此即攻心夺气之用也。

或曰：敌与敌对，捣强敌之虚，以败其将成之功也。

第四套 混战计

注释：①**阳中之阳：**指火旺水沸。②**魄：**指人依附于形体而显现的精神。③**尉缭子：**战国末期的军事家，魏国大梁（今河南省开封）人，有《尉缭子》一书传世。④**气实：**指士气旺盛。**气夺：**士气削弱。⑤**吴汉：**东汉名将。南阳宛（今河南省南阳）人，字子颜。王莽末，投奔刘秀，为偏将军。刘秀即位后，任大司马，封舞阳侯。为云台三十二将之一。⑥**有顷：**不久。⑦**薛长儒：**宋代名臣，绛州（今山西省新绛）正平人。字元卿，曾任汉、胡、滑三州通判，后知彭州。**通判：**宋初始设于各州府，地位略次于地方官，但有监察官吏之特权，故又称"监州"。⑧**知州：**主管全州政事的文官。**兵马监押：**宋代掌管全州军事的武官。⑨**徒步：**步行。⑩**垣：**墙。⑪**语：**告诉。⑫**胁从：**被迫跟从。⑬**突：**冲出。⑭**寻：**不久。⑮**时谓：**当时人们说。⑯**涂炭：**指陷于泥沼，坠入炭火，即水深火热之意。涂，泥沼。炭，炭火。

第四套 混战计

第二十计 混水摸鱼（hún shuǐ mō yú）①

三十六计

解语 乘其阴乱②，利其弱而无主③。随，以向晦入宴息④。

注释：①混水摸鱼：原意是把水弄浑浊了，鱼就会晕头转向，此时捉摸，易于得手。在军事上指有意给敌方制造混乱，并乘敌方混乱无主之机，消灭敌人，夺取胜利。②阴乱：内部发生混乱。③主：主见。④随，以向晦入宴息：《易经·随卦》："象曰：泽中有雷，随，君子以向晦入宴息。"意思是说：大泽中响雷，泽水随之而振动；君子应当随着天时变换，在天黑时入睡。指作战时要善抓可乘之隙，乱中取胜。

周瑜像·清人绘

孔明用智激周瑜

按 动荡之际，数力冲撞①，弱者依违无主②。敌蔽而不察③，我随而取之④。《六韬》曰⑤："三军数惊⑥，士卒不齐，相恐以敌强⑦，相语以不利；耳目相属⑧，妖言不止，众口相惑，不畏法令，不重其将。此弱征也⑨。"是鱼⑩，混战之际，择此而取之。如刘备之得荆州、取西川，皆此计也⑪。

注释：①数力：多种力量。冲撞：冲突。②依违无主：迟疑不决，拿不定主意。③蔽：受蒙蔽。④随：趁机。⑤《六韬》：古代兵书，相传为周代姜尚所著。⑥三军：指全军。数：多次。⑦相恐：互相吓唬。⑧耳目：探听消息的人。相属：相接连。⑨弱征：衰弱的征候。⑩是鱼：比喻这种敌人。⑪刘备：字玄德，蜀汉皇帝，涿州人。东汉末起兵，割据荆、益等地，与曹魏、孙吴抗争，成鼎足之势。

第四套 混战计

蔡夫人议献荆州·《图像三国志》

刘备自领益州牧·《图像三国志》

第四套 混战计

第二十一计 金蝉脱壳① (jīn chán tuō qiào)

解语 存其形②，完其势③；友不疑④，敌不动。巽而止，蛊⑤。
(cún qí xíng, wán qí shì; yǒu bù yí, dí bú dòng. xùn ér zhǐ, gǔ.)

注释：①金蝉脱壳：原指一种生物现象，蝉类昆虫在蜕变时，本身脱离皮壳飞去，留下空壳在原处。军事上是指通过伪装摆脱敌人，撤退或转移，以实现我方的目标。②存其形：保存已有的阵形。③完其势：保持战斗的态势。④友不疑：友军不会怀疑。⑤巽而止，蛊：《易经·蛊卦》："彖曰：蛊，刚上而柔下，巽而止，蛊。"巽，伏，顺服。蛊，毒害。意思是暗中转移，去平息敌乱。

檀道济唱筹量沙·《百将图传》

见木像魏都督丧胆·《图像三国志》

按 共友击敌①，坐观其势。倘另有一敌，则须去而存势②。则金蝉脱壳者，非徒走也③，盖为分身之法也，故大军转动④，而旌旗金鼓，俨然原阵⑤，使敌不敢动，友不生疑。待已摧他敌而返，而友敌始知，或犹且不知。然则金蝉脱壳者⑥，在对敌之际，而抽精锐以袭别阵也。

如诸葛亮病卒于军⑦，司马懿追焉⑧。姜维令仪反旗鸣鼓⑨，若向懿者⑩。懿退，于是仪结营而去。

檀道济被围⑪，乃命军士悉甲⑫，身白服⑬，乘舆徐出外围⑭。魏惧有伏，不敢逼，乃归。

注释：①**共友**：即与友军联合。②**去而存势**：指悄悄离去保持驻地的阵势不变。③**徒走**：只是逃跑。④**转动**：转移调动。⑤**俨然**：整齐的样子。⑥**然则**：也就是。⑦**卒**：死。⑧**司马懿**：字仲达，三国时魏国名将。曾为曹操军司马，曹丕称帝时任抚军大将军。⑨**仪**：指杨仪，字威公，襄阳人，东汉末为荆州刺史主簿，後投关羽。⑩**若向**：好像向着。⑪**檀道济**：南朝宋名将，高平金乡（今山东金乡）人。元嘉八年（公元431年）攻魏，粮尽被围，便巧妙撤退，敌不敢追。後为文帝所忌杀。⑫**悉甲**：全都披上兵甲。⑬**身**：（檀道济）身穿。⑭**乘舆**：坐着车子。**舆**：车子。**徐**：从容地。

第四套 混战计

第四套 混战计

第二十二计 关门捉贼[①]

解语 小敌困之[②]。剥，不利有攸往[③]。

注释：①关门捉贼：此计为民间俗语。军事上是指对弱小的敌军要采取四面包围，聚而歼之的谋略。②困：围困。③剥，不利有攸往：《易经·剥卦》："剥，不利有攸往。"意思是说：剥落，零散，不利于前进。《六十四卦经解·剥》："剥，裂也，从刀从录。录，刻割也，又，落也。万物零落之象。"即零散之军队不利于发动进攻。

下邳城曹操鏖兵·《图像三国志》

救白马曹操解重围·《图像三国志》

按 捉贼而必关门，非恐其逸也①，恐其逸而为他人所得也，且逸者不可复追，恐其诱也②，贼者③，奇兵也④，游兵也⑤，所以劳我者也⑥。

《吴子》曰⑦："今使一死贼伏于旷野⑧，千人追之，莫不枭视狼顾⑨。何者？恐其暴起而害己也⑩。是以一人投命足惧千夫⑪。"追贼者，贼有脱逃之机，势必死斗；若断其去路，则成擒矣⑫。故小敌必困之，不能，则放之可也。

注释：①逸：逃跑。②恐其诱：恐怕中了对方的诱敌之计。③贼者：诡计多端的敌人。④奇兵：指使用偷袭战术的队伍。⑤游兵：指机动灵活的游击队。⑥劳我：使我军疲劳。⑦《吴子》：古代兵书，传为战国吴起所著。⑧伏：隐藏。⑨枭视狼顾：像猫头鹰寻找食物那样专注地看，像狼行走时那样紧张地四处张望。枭，猫头鹰。⑩暴起：突然而起。⑪投命：豁出命去。⑫成擒：成功抓获。

第四套 混战计

吴起杀妻求将·《东周列国志》

吴起吮疽图

第四套 混战计

第二十三计 远交近攻①

解语 形禁势格②，利从近取，害以远隔③。上火下泽④。

注释：①远交近攻：即结交远国而攻击邻国。语出《史记·范雎传》："王不如远交而近攻，得寸则王之寸也，得尺亦王之尺也。"即分化瓦解敌方联盟，各个击破的策略。②形禁势格：即形势的发展受到阻碍。格，阻碍；禁，禁止。③利从近取，害以远隔：即先攻取就近的敌人有利，越过近敌先去攻取远隔之敌是有害的。④上火下泽：《易经·睽卦》："象曰：上火下泽，睽；君子以同而异。"睽：乖违，即矛盾。意思是要使敌相互离违再各个击破。

六国封相·杨柳青年画

按 混战之局，纵横捭阖之中①，各自取利。远不可攻，而可以利相结②；近者交之③，反使变生肘腋④。范雎之谋⑤，为地理之定则⑥，其理甚明。

注释：①纵横捭阖：纵横，合纵连横。战国时，苏秦主张联合六国抗拒强秦，叫做合纵；张仪主张分化六国，说服他们服从强秦，叫做连横。《鬼谷子·捭阖》："捭之者，开也，言也，阳也；阖之者，闭也，默也，阴也。"或开口说话，或沉默不语。或采取公开的手段，或采取阴谋手段。②相结：结盟。③交：交好。④变：变乱。肘腋：指胳膊的上下节及胳肢窝。比喻非常接近的地方。⑤范雎：字叔，战国时魏人。曾化名张禄入秦国游说秦昭王，主张远交近攻。⑥地理：指地理位置相距的远近。定则：准则。

第四套 混战计

死范雎计逃秦国·《东周列国志》

假张禄廷辱魏使·《东周列国志》

第四套 混战计

第二十四计 假道伐虢[①]

解语 两大之间[②]，敌胁以从[③]，我假以势[④]。困，有言不信[⑤]。

注释：①假道伐虢：典出《左传·僖公二年》：春秋时，晋国想要吞并虞和虢。虞、虢结为联盟，晋国采用荀息的战略，先用名马、宝玉贿赂虞公，虞公不顾宫之奇劝阻，允许晋国借道灭了虢国，晋军返回途中顺便灭了虞国。後指以借路为名而消灭对方。又比喻一箭双雕。②两大之间：指处于敌我两个大国之间的小国。③敌胁以从：敌人胁迫它屈服。④假：借。⑤困，有言不信：《易经·困卦》："困，有言不信。"意思是人处于困境时所说的话不会被人相信，也不会轻易相信别人的说话。意即对处于困境中的国家，只有空话而无实际的援助是不能取得信任的。

老黄忠计夺天荡山·《图像三国志》

云长攻拔襄阳郡·《图像三国志》

按 假地用兵之举，非巧言可诳①。必其势不受一方之胁从②，则将受双方之夹击。如此境况之际，敌必迫之以威，我则诳之以不害，利其幸存之心，速得全势③。彼将不能自阵④，故不战而灭之矣。

如晋侯假道于虞以伐虢⑤。晋灭虢，虢公丑奔京师⑥。师还，袭虞灭之。

注释：①巧言：好听的甜言蜜语。诳：欺骗。②胁从：受胁迫去做。③全势：整个局势。④自阵：靠自己的力量保持阵势。⑤晋侯：春秋时晋国的国君晋献公。⑥丑：虢国国君的名字。奔：逃走。京师：东周的都城洛阳。

第四套 混战计

甘宁百骑劫魏营·《东周列国志》

智荀息假途灭虢·《东国列国志》

第五套 并战计①

第二十五计 偷梁换柱② (tōu liáng huàn zhù)

三十六计

解语 频更其阵③，抽其劲旅④，待其自败，而後乘之⑤。曳其轮也⑥。

注释：①**并战计**：是用来谋取盟军的计谋，阴毒无比。包括偷梁换柱、指桑骂槐、假痴不癫、上屋抽梯、树上开花、反客为主六条计。②**偷梁换柱**：源于商纣王"托梁换柱"的传说：商纣王的父亲帝乙游览至飞云阁，见阁塌一柱。纣王见状，凭自己力大无比托住大梁换掉下边的柱子。比喻暗中玩弄手段，以假代真，达到蒙混的目的。梁、柱，原本是盖房时起支撑和连接椽子的重要结构，即大梁和柱子。③**频更**：频繁地变更。④**劲旅**：主力部队。⑤**乘之**：乘机加以控制。⑥**曳其轮**：《易经·既济卦》："象曰：曳其轮，义无咎也。"意思是：只要拖着车轮过河，便能控制车的运行，不会出错。

宇宙锋秦二世纳妃·杨柳青年画

按　阵有纵横，天衡为梁①，地轴为柱②，梁柱以精兵为之。故观其阵，则知其精兵之所在。共战他敌时③，频更其阵。暗中抽换其精兵，或竟代其为梁柱④。势成阵塌⑤，遂兼其兵⑥。并此敌以击他敌之首策也⑦。

注释：①**天衡**：古代布阵按四方部署，阵中"天衡"首尾相连，是军阵的大梁。②**地轴**：指军队列阵时处于阵中心的队列，是军阵的支柱。③**共战**：与友军共同对敌作战。④**竟**：甚至。⑤**势成**：指对己方有利的态势形成。**阵塌**：指友军的阵式被我方的变更搞乱。⑥**兼其兵**：兼并友军的部队。⑦**此敌**：指原来的友军。**首策**：首选之策。

第五套　并战计

钟会分兵汉中道·《图像三国志》

第五套 并战计

第二十六计 指桑骂槐[1]

解语 大凌小者[2]，警以诱之[3]。刚中而应，行险而顺[4]。

注释：①指桑骂槐：指着桑树骂槐树。本为民间谚语，比喻指着这人骂而实际上是责骂另一人。②凌：凌驾，控制。③警：告戒。④刚中而应，行险而顺：《易经·师卦》："象曰：刚中而应，行险而顺。"意思是：刚正而不偏激，则能得到信服与响应，冒险行事果断勇敢也能使人听从。

张天师断风花雪月　明·《元曲选》

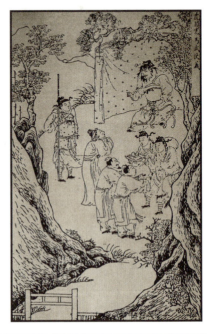

虎头寨马武仗义明　明·《元曲选》

按 率数未服者以对敌[1]，若策之不行[2]，而利诱之，又反启其疑[3]。于是故为自误[4]，责他人之失，以暗警之。警之者，反诱之也[5]，此盖以刚险驱之也[6]。或曰[7]：此遣将之法也[8]。

注释：[1]率：统领。数：一批。未服者：没有信服你的人。[2]策：鞭策。[3]反启其疑：反而让对方怀疑。[4]故为：故意造成。[5]反诱：从反面诱导。[6]盖：大概。刚险：刚猛险毒。[7]或曰：也有人说。[8]遣将：调配部将。

第五套 并战计

武乡侯骂死王朗·《图像三国志》

读经诵典 受益匪浅

第五套 并战计

第二十七计 假痴不癫[①]

jiǎ chī bù diān

三十六计

解语：宁伪作不知不为[②]，不伪作假知妄为。静不露机[③]，云雷屯也[④]。

nìng wěi zuò bù zhī bù wéi, bù wěi zuò jiǎ zhī wàng wéi. jìng bú lù jī, yún léi zhūn yě.

注释：①假痴不癫：此计从民间俗语装聋作哑，装疯卖傻转化而来的，意指装傻而不疯。作为一种权术，装着庸碌无为的样子，掩盖其大的抱负，以迷惑对手。痴，傻子。癫，疯子。②伪作：装作。③机：动机，心机。④云雷屯：《易经·屯卦》："象曰：云雷屯，君子以经纶。"屯，难也。其意是：云雷正在聚结，大雨还未下落。象征事业正处在艰难的准备时期，有智之士应当苦心经营。

姜维兵败牛头山·《图像三国志》

萧何害功臣韩信 明·《元曲选》

按 假作不知而实知，假作不为而实不可为，或将有所为。司马懿之假病昏以诛曹爽①，受巾帼，假请命，以老蜀兵②，所以成功。姜维九伐中原③，明知不可为而妄为之，则似痴矣，所以破灭。

兵书曰："故善战者之胜也，无智名，无勇功④。"当其机未发时，静屯似痴；若假癫，则不但露机，且乱动而群疑。故假痴者胜，假癫者败。或曰：假痴可以对敌，并可以用兵。

宋代，南俗尚鬼⑤。狄青征侬智高时⑥，大兵始出桂林之南，因佯祝曰⑦："胜负无以为据。"乃取百钱自持，与神约："果大捷，则投此钱尽钱面也。"左右谏止："倘不如意，恐沮师⑧。"青不听，万众方耸视⑨，已而挥手一掷，百钱皆面。于是举兵欢呼，声震林野。青亦大喜，顾左右，取百钉来。即随钱疏密，布地而帖钉之⑩，加以青纱笼⑪，手自封焉⑫。曰："俟凯旋⑬，当酬神取钱。"其後平邕州还师，如言取钱，幕府士大夫共视⑭，乃两面钱也⑮。

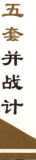

注释：①曹爽：字昭伯，魏国大将军。太傅司马懿装出衰弱昏聩的样子。曹爽信以为真，司马懿乘机杀了曹爽。②受巾帼、假请命，以老蜀兵：三国时，诸葛亮率军北伐，蜀、魏大军在五丈原对垒，魏方主帅司马懿固守不战，司马懿收下了诸葛亮送来的妇女头巾，并上表请魏主派使到军营传谕不战，终于把蜀军拖垮，退军回蜀。巾帼：这里指妇女头饰。假请命：假装请示。老：使……疲劳。③姜维九伐中原：诸葛亮死後，姜维任统帅先後九次北伐，皆劳师无功。後被魏将邓艾、钟会所击败。④无智名，无勇功：不图谋机智的声誉，也不夸耀勇猛果敢的功劳。⑤尚鬼：迷信鬼神。⑥狄青：北宋大将，率兵镇压西南蛮族首领侬智高的叛乱。⑦佯祝：假装祷祝天神。⑧沮：丧气，颓丧。沮师：使士气低落、沮丧。⑨耸视：耸立而视。⑩帖：即贴。⑪笼：笼罩，盖住。⑫自：亲自。⑬俟：等到。⑭幕府：指统领的将军。⑮两面钱：即两面都一样的钱。

第五套 并战计

第二十八计 上屋抽梯[①]

三十六计

解语 假之以便[②]，唆之使前[③]，断其援应[④]，陷之死地。遇毒，位不当也[⑤]。

注释：①上屋抽梯：语出《孙子兵法·九地篇》："帅与之期，如登高而去其梯。"意为主帅与将士们约期赴战，像登高後去其梯样，只能往前冲。军事上指利用某种小利引诱敌军，使其进入我方设置的圈套，截断其援兵和退路，然後加以围歼。②假：借给。便：便利。③唆：唆使、引诱。④援应：指後援。⑤遇毒，位不当也：《易经·噬嗑卦》："六三：噬腊肉遇毒，小吝，无咎。""象曰：遇毒，位不当也。"意思是：吃了坚硬的肉干受到伤害，只是小损伤，没有大的妨碍，这是贪图口福所造成的恶果。比喻贪图不应该有的利益，而招致祸害。

冲霄楼盗盟单·杨柳青年画

与经典同行　与圣人为伍

> **按** 唆者，利使之也①。利使之而不先为之便②，或犹且不行③。故抽梯之局④，须先置梯，或示之以梯。如慕容垂、姚苌诸人怂秦苻坚侵晋⑤，以乘机自起。
>
> 注释：①利使之：用利益诱使敌人进入圈套。②为之便：给他以某种方便。③或：也许。犹：犹豫不决。④局：圈套。⑤慕容垂：鲜卑族，十六国时，原为前燕吴王，后投奔前秦苻坚，淝水之战后，趁机独立建后燕国。姚苌：五胡十六国时后秦之建立者。原为羌族首领姚弋仲之子，后投奔前秦苻坚，淝水之战后，率羌人独立，称万年秦王，建立后秦国。

第五套 并战计

常遇春 超登采石·《百将图传》

孔明用智激周瑜·《图像三国志》

读经诵典　受益匪浅

第五套　并战计

第二十九计　树上开花^①
（shù shàng kāi huā）

三十六计

解语　借局布势^②，力小势大^③。鸿渐于陆，其羽可用为仪也^④。

注释：①树上开花：此计可能是由"铁树开花"一词转变来的，铁树原产热带，不常开花，铁树开花比喻事情非常罕见。树上开花则意指树上本无花，却可以人为地制造假花粘到树上。在军事上即指自己的力量弱小，却可以借友军势力制造种种假象来壮大自己的声威，迷惑敌军。②局：即阵局，指战争中兵力的部署和阵地构成。③势：架势。④鸿渐于陆，其羽可用为仪：出自《易经·渐卦》："上九，鸿渐于陆，其羽可用为仪，吉。"其意思是：鸿雁飞起来逐渐落到山上，它落下的羽毛可以作为漂亮的装饰品。仪，威仪，装饰。

当阳长坂坡·杨柳青年画

与经典同行　与圣人为伍

按　此树本无花，而树则可以有花。剪彩粘之①，不细察者不易觉。使花与树交相辉映②，而成玲珑全局也③。此盖布精兵于友军之阵，完其势以威敌也④。

注释：①彩：彩色的花。②辉映：映照，对比。③玲珑：精巧细致。④威敌：威慑敌人。

临宋人画图　明·仇　英

第五套　并战计

第五套 并战计

第三十计 反客为主[①]

<fǎn kè wéi zhǔ>

三十六计

解语 乘隙插足，扼其主机[②]，渐之进也[③]。

注释： ①反客为主：一说计出《李卫公问对》："臣较量主客之势，则有变客为主、变主为客之术。"意指客人反过来变成主人。军事上，往往借援助盟军之机步步为营，取而代之。②扼：控制。主机：发号施令的机关。③渐之进也：《易经·渐卦》："象曰：渐之进也，女归吉也。进得位，往有功也。"意思是说：循序渐进，就像女子出嫁的仪式那样就吉利，能得到地位，有功绩。

韩信 登坛拜将·《百将图传》

除凶暴吕布助司徒·《图像三国志》

按 为人驱使者为奴①，为人尊处者为客②；不能立足者为暂客，能立足者为久客；客久而不能主事者为贱客；能主事则可渐握机要，而为主矣。故反客为主之局，第一步须争客位，第二步须乘隙，第三步须插足，第四步须握机，第五步乃成为主。为主，则并人之军矣。此渐进之阴谋也。

如李渊书尊李密③，密卒以败。汉高祖势未敌项羽之先④，卑事项羽⑤，使其见信⑥，而渐以侵其势⑦。至垓下一役⑧，一举亡之。

注释：①为人：被人。②尊处：尊敬地对待。③李渊：即唐高祖，陇西成纪人。初仕隋，袭封唐国公。隋末攻取长安，建立唐朝。李密：字玄邃，京兆长安人，隋末瓦岗军首领，归顺李渊，後反唐被杀。④汉高祖：即刘邦，字季，沛县人。与项羽皆为秦末农民起义军领袖。项羽：字籍，下相（今江苏宿迁）人。秦亡後自立为西楚霸王。⑤卑事：卑躬屈膝地侍奉。⑥见信：被相信。⑦侵其势：侵吞减弱其态势。⑧垓下：在今安徽省灵璧县东南。公元前202年，刘邦部将韩信曾围攻项羽于此处，四面楚歌，项羽大败。

韩信十面埋伏困项羽·杨柳青木版年画

第五套 并战计

第六套 败战计①

第三十一计 美人计②

【解语】 兵强者，攻其将；将智者，伐其情③。将弱兵颓④，其势自萎⑤。利用御寇，顺相保也⑥。

注释：①败战计：当战局对己不利，在败中求胜的计谋。包括美人计、空城计、反间计、苦肉计、连环计、走为上计。②美人计：计出《韩非子·内储说下》："晋献公伐虞、虢，乃遗之屈产之乘、垂棘之璧、女乐二八，以荣其意而敌其政。"军事上指用女色或财物诱惑敌人，使之贪图享受消磨斗志，造成内乱，然後灭之。③伐其情：从敌人的感情上加以攻击。④颓：委靡不振，衰败。⑤萎：萎缩。⑥利用御寇，顺相保也：《易经·渐卦》："象曰：利用御寇，顺相保也。"御寇，控制仇敌。意思是：利用控制敌人，顺利地保护自己。

四美钓鱼图·杨柳青木版年画

与经典同行　与圣人为伍

按 兵强将智，不可以敌，势必事之[1]。事之以土地，以增其势，如六国之事秦[2]，策之最下者也。事之以币帛，以增其富，如宋之事辽金[3]，策之下者也。惟事之以美人，以佚其志[4]，以弱其体，以增其下之怨，如勾践以西施重宝取悦吴王夫差[5]，乃可转败为胜。

注释：①**势必事之**：即顺应形势而服从对方。**事**：侍奉。②**六国之事秦**：战国时齐、楚、燕、韩、赵、魏六个大诸侯国，加秦即为战国七雄。③**宋之事辽金**：辽、金北方强国通过战争威胁，与北宋、南宋朝廷订立盟约，获得大量金银财帛，成为宋朝的沉重负担。④**佚**：使之丧失。⑤**勾践**：即春秋时越王勾践，他被吴王夫差打败后，自己甘愿为吴王奴役，还送了美女西施迷惑吴王，卧薪尝胆，终于灭了吴国，报仇雪恨。

第六套 败战计

美人计吴宫宝西施·《东周列国志》

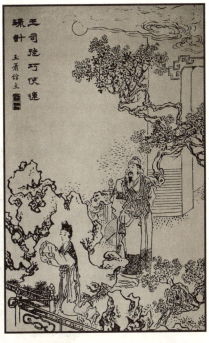

王司徒巧使连环计·《图像三国志》

读经诵典 受益匪浅

第六套 败战计

第三十二计 空城计①

三十六计

解语 虚者虚之②，疑中生疑③。刚柔之际④，奇而復奇。

注释：①**空城计**：计出《三国志·蜀志·诸葛亮传》：诸葛亮以万人驻守阳平关，令人大开城门，司马懿率二十万大军见此情景疑有伏兵，便领军离开。在敌我力量悬殊时，力量弱小之方故意显示自己不设防的弱点，使敌人误以为自己已作好准备而不敢贸然进攻，从而度过难关。②**虚者虚之**：虚弱的一方面对强敌就示人以虚弱。③**疑中生疑**：使疑惑的敌人再产生疑惑。④**刚柔之际**：《易经·解卦》："象曰：刚柔之际，义无咎也。"意思是说：在刚柔混杂的情况下，往往不会受到大的伤害。虚虚实实，敌人摸不清情况不敢贸然进犯。

空城计·青花三国故事图盘

按 虚虚实实，兵无常势①。虚而示虚，诸葛而后，不乏其人②。

如吐蕃陷瓜州③，王君㚟死④，河西恟惧⑤。以张守珪为瓜州刺史⑥，领馀众，方復筑州城。版干裁立⑦，敌又暴至，略无守御之具。城中相顾失色，莫有斗志。守珪曰："彼众我寡，又疮痍之后⑧，不可以矢石相持，须以权道制之。"乃于城上，置酒作乐，以会将士。敌疑城中有备，不敢攻而退。

又如齐祖珽为北徐州刺史⑨。至州，会有陈寇⑩，百姓多反⑪。珽不关城门，守陴者皆令下城⑫，静坐街巷，禁断行人鸡犬。贼无所见闻，不测所以⑬，或疑人走城空，不设警备。珽復令大叫，鼓噪聒天⑭，贼大惊，登时走散。

注释：①**兵无常势**：见《孙子·虚实篇》："水因地而制流，兵因敌而制胜。故兵无常势，水无常形。"即军队没有固定不变的状态。②**不乏其人**：不少那样做的人。③**吐蕃**：唐时国名，属今藏族。④**王君㚟**：唐将，字威明。开元中为河西陇右节度使，因为击破吐蕃有功，升任大将军。後吐蕃攻陷瓜州，回纥等部叛变，君㚟战死。⑤**河西**：唐代方镇，治所在今甘肃武威。**恟惧**：恐惧，恐惧不安。⑥**张守珪**：唐将，开元中为瓜州刺史。⑦**版**：夹板。**干**：是筑墙夹板两头所立的木桩。**版干**：古时筑墙，两个板子相夹，当中放土，用杵舂打实。**裁**：通才。⑧**疮痍**：伤病，疾痍。指战争创伤。⑨**祖珽**：北齐范阳人，字孝征，曾任北徐州刺史。**北徐州**：北齐设置，治所在今安徽凤阳东北。⑩**陈寇**：南朝的陈国入侵者。⑪**反**：指作乱。⑫**陴**：城上短墙。⑬**测**：明白。**所以**：原由。⑭**鼓噪聒天**：擂鼓的声音震天响。**聒**，嘈杂的声音。

第六套 败战计

第三十三计 反间计①

解语 疑中之疑②。比之自内，不自失也③。

注释：①反间计：见《孙子·用间篇》："反间者，因其敌间而用之。"杜牧曰："敌有间来窥我，我必先知之。或厚赂诱之，反为我用；或佯为不觉，示之以伪情而纵之。则敌人之间，反为我用也。"即指运用敌人的间谍而达到自己的目的。②疑中之疑：在疑阵中再布置一层疑阵。③比之自内，不自失也：《易经·比卦》："象曰：比之自内，不自失也。"比：依附。意思是：来自于内部的帮助，自己没有什么损失。

三十六计

寇间明·《牡丹亭》

群英会蒋干中计·《图像三国志》

156

按 间者①，使敌自相疑忌也；反间者，因敌之间而间之也②。

如燕昭王薨，惠王自为太子时③，不快于乐毅④。田单乃纵反间曰⑤："乐毅与燕王有隙⑥，畏诛，欲连兵王齐⑦。齐人未附，故且缓攻即墨⑧，以待其事。齐人惟恐他将来，即墨残矣⑨。"惠王闻之，即使骑劫代将⑩，毅遂奔赵。

又如周瑜⑪利用曹操间谍，以间其将；陈平以金纵反间于楚军，间范增⑫，楚王疑而去之。亦疑中之疑之局也。

注释：①间：间谍。②敌之间：敌方派来的间谍。间之：离间敌人。③燕惠王：战国时燕昭王之子。燕昭王时，乐毅受重用，公元前284年率军为燕国复仇，大破齐国，先後攻取七十多城，只留即墨和莒两城未攻下。後昭王死，燕惠王即位，中齐国即墨守将田单的反间计，改调大夫骑劫为将，乐毅被迫奔逃赵国。田单用火牛阵反攻，燕军大败。④不快：即不喜欢。⑤纵：放。反间：敌方间谍。⑥隙：隔阂。⑦王齐：做齐国之王。⑧即墨：地名，战国时齐国重镇，今山东平度。⑨残：即被打败。⑩骑劫：燕将，好纸上谈兵，死于乱军中。⑪周瑜：字公瑾，庐江舒人，佐孙策建东吴政权。⑫陈平：汉朝名臣，有智谋。范增：项羽谋士。楚汉相争时，陈平为除去范增，巧设反间计，离间项羽和范增的关系。范增离军而亡。

说四国乐毅灭齐·《东周列国志》

王敖反间杀李牧·《东周列国志》

第六套 败战计

第三十四计 苦肉计[①]

三十六计

解语 人不自害[②]，受害必真。假真真假，间以得行[③]。童蒙之吉，顺以巽也[④]。

注释：①**苦肉计**：计出《吴越春秋》。吴王阖闾利用专诸刺杀吴王僚即位后，与要离用苦肉计，将要离右臂斩断并处死其全家，以此取得僚之公子庆忌的信任，要离乘机行刺庆忌，从而斩除了报阖闾仇之人。军事上即指为了取信于敌人，进行自我残害使敌人深信不疑，从而取得胜利。②**自害**：即自己伤害自己。③**间**：离间计。④**童蒙之吉，顺以巽也**：《易经·蒙卦》："象曰：童蒙之吉，顺以巽也。"意思是：愚昧的儿童虚心顺从老师的教诲，是吉祥的。

人物山水图之伍员吹箫　清·任颐

按 间者，使敌人相疑也；反间者，因敌人之疑①，而实其疑也②。苦肉计者，盖假作自间以间人也③。凡遣与己有隙者以诱敌人，约为响应④，或约为共力者⑤，皆苦肉计之类也。如郑武公伐胡⑥，而先以女妻胡君⑦，并戮关其思⑧。韩信下齐而郦生遭烹⑨。

注释：①因：利用。②实：加深。③自间：指内部有矛盾。间人：即离间敌人。④响应：内应。⑤共力者：共同作战的友军。⑥郑武公：春秋时郑国的一位国君。胡：当时的边地胡人。⑦妻：以女嫁人。⑧戮：杀。关其思：主张伐胡的郑大夫。⑨韩信：西汉大将军，楚汉相争时，率大军征伐齐国。下：攻陷。郦生：郦食其，刘邦曾先派郦食其入齐劝齐王田广投降，齐王便撤掉城防，韩信趁机攻击，齐王便威胁郦食其阻止韩信出兵，郦食其不从，齐王便烹杀了他。

郑孔目风雪酷寒亭　明·《元曲选》

献密计黄盖受刑·《图像三国志》

第六套 败战计

第三十五计 连环计[①]

三十六计

解语 将多兵众，不可以敌[②]，使其自累[③]，以杀其势[④]。在师中吉，承天宠也[⑤]。

注释：①**连环计**：计出《兵法圆机·迭》曰："大凡用计者，非一计之可孤行，……百计迭出，算无遗策，虽智将强敌，可立制也。"意指采用两个以上的计谋，环环相扣，那么即使智谋再高，力量再强的敌人都可制服。②**敌**：对付。③**自累**：自相拖累。④**杀**：减弱。⑤**在师中吉，承天宠也**：《易经·师卦》："象曰：在师中吉，承天宠也。"意思是：统帅若能持中不偏，没有差错，就受到天子的宠爱。

连环计·杨柳青年画

与经典同行　与圣人为伍

按 庞统使曹操战舰勾连①，而後纵火焚之，使不得脱。则连环计者，其法在使敌自累，而後图之。盖一计累敌，一计攻敌，两计扣用②，以摧强势也。如宋毕再遇③，尝引敌与战④，且前且却⑤，至于数四。视日已晚⑥，乃以香料煮黑豆，布地上，復前搏战，佯败走。敌乘胜追逐，人马已饥，闻豆香，乃就食，鞭之不前。遇率师反攻⑦，遂大胜。皆连环之计也。

注释：①庞统：字士元，号凤雏，当时与诸葛亮齐名。後归刘备为谋士。赤壁之战时却假装投奔曹操，为他设连环战舰之计，曹操中计遭周瑜火攻，大败。勾连：用铁勾环固定连接起来。②扣用：即结合运用。③毕再遇：南宋名将，字德卿，有勇有谋。④尝：曾经。⑤且前且却：忽而前进，忽而後退。⑥视：看。⑦遇：毕再遇。

李牧雁门纵牧·《百将图传》

庞统巧授连环计·《图像三国志》

第六套 败战计

读经诵典　受益匪浅

第六套　败战计

第三十六计　走为上计①

三十六计

解语：全师避敌②。左次无咎，未失常也③。

注释：①走为上计：计谋语出《南齐书·王敬则传》："檀公三十六策，走是上计，父子唯应急走耳。"指在敌我力量悬殊的不利形势下，采取有计划的主动撤退，避开强敌，以图东山再起。②避敌：避开敌人。③左次无咎，未失常也：《易经·师卦》："象曰：左次无咎，未失常也。"意思是：暂且撤退，免遭伤害，也没有失去用兵的常理。

刘皇叔跃马过檀溪·《图像三国志》

关云长败走麦城·《图像三国志》

按 敌势全胜①，我不能战，则必降②，必和，必走。降则全败，和则半败，走则未败。未败者，胜之转机也。

如宋毕再遇与金人对垒，度金兵至者日众③，难与争锋④。一夕拔营去⑤，留旗帜于营。缚生羊悬之，置其前二足于鼓上。羊不堪倒悬⑥，则足击鼓有声。金人不觉为空营，相持数日。及觉，欲追之，则已远矣。可谓善走者矣！

注释：①敌势全胜：即敌方占绝对优势。②降：投降。③度：估计。日众：一天比一天多。④争锋：争斗以决胜负。⑤一夕：一夜之间。拔营去：撤除营垒离开。⑥不堪：不能忍受。

曹阿瞒割须弃袍·《图像三国志》

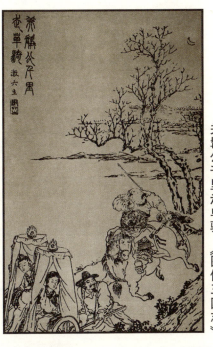

关髯公千里走单骑·《图像三国志》

第六套 败战计

跋

　　夫战争之事，其道多端。强国、练兵、选将、择敌，战前、战後一切施为，皆兵道也。惟比比者，大都有一定之规，有陈例可循。而其中变化万端，恢诡奇谲、光怪陆离、不可捉摸者，厥为对战之策。三十六计者，对敌之策也，诚大将之要略也。闲尝论之：胜战、攻战、并战之计，优势之计也；敌战、混战、败战之计，劣势之计也。而每套之中，皆有首尾次第。六套次序，亦可演以阴……（缺文）

精忠传·杨柳青年画

附 孙膑兵法

战国·孙膑 著

孙膑像

上 编

禽(擒)庞涓①

昔者，梁君将攻邯郸②，使将军庞涓带甲八万至于茌丘。齐君闻之，使将军忌子、带甲八万至……竞③。庞子攻卫□□□，将军忌[子]……□卫□□救与……救卫是失令。"曰："若不救卫，将何为？"孙子曰："请南攻平陵。平陵其城小而县大，人众甲兵盛，东阳战邑，难攻也。吾将示之疑。吾攻平陵，南有宋，北有卫，当涂有市丘，是吾粮涂绝也④。吾将示之不智事⑤。"于是徙舍而走平陵。……[□□]陵，忌子召孙子而问曰："事将何为？"孙子曰："都大夫孰为不识事？"曰："齐城、高唐。"孙子曰："请取所□□□□□□□

注释：①禽：通擒，制服。②梁：疑为梁。③竞：疑为境。④涂：通途。⑤智：通作知。

与经典同行　与圣人为伍

□二大夫合以□□□臧□□都横卷，四达环涂□横卷所□阵也。环涂𫐓甲之所处也。吾末甲劲，本甲不断。环涂击柀其後，二大夫可杀也。"于是段齐城、高唐为两①，直将蚁傅平陵。挟甘环涂，夹击其後，齐城、高唐当术而大败。将军忌子召孙子问曰："吾攻平陵不得，而亡齐城、高唐，当术而厥②，事将何为？"孙子曰："请遣轻车西驰梁郊③，以怒其气。分卒而从之④，示之寡。"于是为之。庞子果弃其辎重，兼取舍而至。孙子弗息而击之桂陵，而禽擒庞涓。故曰：孙子之所以为者，尽矣。

四百六

＊　　　＊　　　＊

……子曰："吾□……□孙子曰："毋侍三日□……⑤

注释：①段：疑为断。②厥：疑为蹶。③梁：疑为梁。④从：同纵。⑤侍：疑为待。

孙膑兵法

见威王

孙子见威王，曰："夫兵者，非士恒势也。此先王之傅道也。战胜，则所以在亡国而继绝世也①。战不胜，则所以削地而危社稷也。是故兵者不可不察。然夫乐兵者亡，而利胜者辱。兵非所乐也，而胜非所利也。事备而後动。故城小而守固者，有委也；卒寡而兵强者，有义也。夫守而无委，战而无义，天下无能以固且强者。尧有天下之时，诎黜王命而弗行者七②，夷有二，中国四。故尧伐负海之国而後北方民得不苛，伐共工而後兵寝而不起，驰而不用③。其间数年，尧身衰而治屈，胥天下而传舜。舜击讙收④，方之宗⑤；击归⑥，放之羽；击三苗，放之危；亡有户是中国⑦。有苗民存，蜀为弘⑧。舜身衰而治屈，胥天下而传之禹。禹凿孟门而通大厦，斩八林而焚九□。西面而并三苗⑨，□

注释：①在：疑为存。②诎：通作黜，废弃。③施：疑为驰，废除。④收：疑为兜。⑤方：疑为放。宗：疑为崇。⑥归：疑为鲧。⑦有户是：疑为有扈氏。⑧蜀：疑为独。⑨戎：疑为农。

与经典同行　与圣人为伍

□……素佚而至利也①。战胜而强立，故天下服矣。昔者，神戎战斧遂②；黄帝战蜀禄；尧伐共工；舜伐厥管；汤汸桀③；武王伐纣；帝奄反，故周公浅之④。故曰，德不若五帝，而能不及三王，知不若周公⑤，曰我将欲责仁义⑥，式礼乐，垂衣常⑦，以禁争挩⑧。此尧舜非弗欲也，不可得，故举兵绳之。"

注释：①并：疑为屏。②至：疑为致。③汸：疑为放。④浅：疑为践。⑤知：同智。⑥责：疑为积。⑦常：疑为裳。⑧挩：疑为夺。

孙膑兵法

女娲兴兵征共工　清·《文林堂藏板》

百姓争杀夙沙氏　清·《文林堂藏板》

威王问

齐威王问用兵孙子，曰："两军相当，两将相望，皆坚而固，莫敢先举，为之奈何？"孙子合曰①："以轻卒尝之，贱而勇者将之，期于北，毋期于得。为之微陈阵以触其厕②。是胃大得③。"威王曰："用众用寡，有道乎？"孙子曰："有。"威王曰："我强敌弱，我众敌寡，用之奈何？"孙子再拜曰："明王之问。夫众且强，犹问用之，则安国之道也。命之曰赞师。毁卒乱行，以顺其志，则必战矣。"威王曰："敌众我寡，敌强我弱，用之奈何？"孙子曰："命曰让威。必臧其尾④，令之能归。长兵在前，短兵在□，为之流弩，以助其急者。□□毋动，以侍敌能⑤。"威王曰："我出敌出，未知众少，用之奈何？"孙子［曰］："命曰险成。险成，敌将为正，出为三阵，一□［□□］能相助，

注释：①合：疑为答。②陈：通阵。厕：通侧。③胃：疑为谓。④臧：疑为藏。⑤侍：疑为待。能：疑为疲。

与经典同行　与圣人为伍

可以止而止，可以行而行，毋求……"威王曰："击穷寇奈何？"孙子[曰]："……可以侍生计矣①。"威王曰："击钧奈何②？"孙子曰："营而离之，我并卒而击之，毋令敌知之。然而不离，案(按)而止③。毋击疑。"威王曰："以一击十，有道乎？"孙子曰："有。功其无备④，出其不意。"威王曰："地平卒齐，合而北者，何也？"孙子曰："其陈(阵)无逢也⑤。"威王曰："令民素听，奈何？"孙子曰："素信。"威王曰："善哉！言兵势不穷。"

田忌问孙子曰："患兵者何也？困敌者何

注释：①侍：疑为待。②钧：通均。③案：通按。④功：疑为攻。⑤逢：疑为锋。

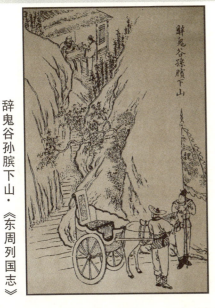

辞鬼谷孙膑下山·《东周列国志》

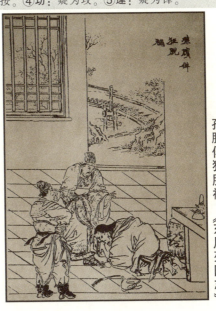

孙膑佯狂脱祸·《东周列国志》

孙膑兵法

也？壁延不得者何也？失天者何也？失地者何也？失人者何也？请问此六者有道乎？"孙子曰："有。患兵者地也。困敌者险也。故曰，三里灉洳将患军……涉将留大甲①。故曰，患兵者地也。困敌者险也。壁延不得者蛋寒也，□……奈何？"孙子曰："鼓而坐之，十而揄之。"田忌曰："行陈阵已定，动而令士必听，奈何？"孙子曰："严而视之利②。"田忌曰："赏罚者，兵之急者邪③？"孙子曰："非。夫赏者，所以喜众，令士忘死也。罚者，所以正乱，令民畏上也。可以益胜，非其急者也。"田忌曰："权、势、谋、诈，兵之急者邪？"孙子曰："非也。夫权者，所以聚众也。势者，所以令士必斗也。谋者，所以令敌无备也。诈者，所以困敌也。可以益胜，非其急者也。"田忌忿然作色："此六者皆善者所用，而子大夫曰非其急者也。然则其急者何也？"孙子曰："缭敌计险④，必察远近，……将之道也。必攻不守，

注释：①灉：疑为沮。②蛋：即渠。视：疑为示。③邪：同耶。④缭：疑为料。

与经典同行　与圣人为伍

兵之急者也。□……骨也。"田忌问孙子曰："张军毋战有道？"孙子曰："有。倅[萃]险赠垒①，诤戒毋动，毋可□前，毋可怒。"田忌曰："敌众且武，必战有道乎？"孙子曰："有，埤垒广志，严正辑众，辟[避]而骄之②，引而劳之。攻其无备，出其不意，必以为久。"田忌问孙子曰："锥行者何也？雁行者何也？篡卒力士者何也③？劲弩趋发者何也？剽风之陈[阵]者何也④？众卒者何也？"孙子曰："锥行者，所以冲坚毁兑也⑤。雁行者，所以触厕应□[也]⑥。篡卒力士者⑦，所以绝陈[阵]取将也。劲弩趋发者，所以甘战持久也。剽风之陈[阵]者，所以回□[□□也]。众卒

注释：①倅：通萃，止，处。赠：疑为增。②辟：通避。③篡：选择。④剽：疑为飘。⑤兑：通锐。⑥厕：通侧。⑦篡：疑为选。

孙膑连破锁地雷·《後列国志》

孙膑兵法

者，所以分功有胜也。"孙子曰："明主、知道之将，不以众卒几功。"孙子出而弟子问曰："威王、田忌，臣主之问何如？"孙子曰："威王问九，田忌问七，几知兵矣，而未达于道也。吾闻素信者昌，立义……用兵无备者伤，穷兵者亡。齐三枼其忧矣①。"

* * *

……善则敌为之备矣。"孙子曰……

……孙子曰："八陈[阵]已陈……

……□毋待三日□……

……也。孙子曰："战……

……□威王曰……

……道也。"田忌……

注释：①枼：疑为世。

围场马术表演图　清·冷　枚

与经典同行　与圣人为伍

陈忌问垒①

田忌问孙子曰："吾卒少不相见，处此若何？"曰："传令趣驾舒弓，弩□□□□……不禁，为之奈何？"孙子曰："明将之问也。此者人之所过而不急也。此□之所以疾……志也。"田忌曰："可得闻乎？"曰："可。用此者，所以应卒猝窘处隘塞死地之中也②。是吾所以取庞[□]而禽擒泰子申也③。"田忌曰："善。事已往而刑不见④。"孙子曰："疾利者⑤，所以当沟池也。车者，所以当垒[也]。[□□者]，所以当堞也。發者，所以当埤堄也。长兵次之，所以救其隋也。从次之者⑥，所以为长兵[□]也。短兵次之者，所以难其归而檄其衰也⑦。弩次之者，所以当投几也⑧。中央无人，故盈之以□……将战书枹，所以哀正也，诛□□旗，所以严後也。善为阵者，必□□贤……

注释：①陈忌：即田忌。②卒：通猝。③泰：疑为太。④刑：疑为形。⑤疾利：疑为蒺藜。⑥从：疑为鏦。⑦檄：疑为邀。⑧几：疑为机。

孙膑兵法

卒已定，乃具其法。制曰：以弩次疾利，然后以其法射之。垒上弩几分。法曰：见使谍来言而动□……□去守五里直候①，令相见也。高则方之，下则员之②。夜则举鼓，昼则举旗。"

* * *

……田忌问孙子曰："子言晋邦之将荀息、孙轸之于兵也，未□……

……无以军恐不守。"忌子曰："善。"田忌问孙子曰："子言晋邦之将荀息、孙［轸］……

……轸为晋要秦于崤，溃秦军，擭三帅□……③

……强晋，终秦缪公之身，秦不敢与……

注释：①谍：疑为谍。直：疑为置。②员：通圆。③擭：疑为获。帅：通帅。

晋襄公墨縗败秦·《东周列国志》

死范睢计逃秦国·《东周列国志》

……也，劲将之陈（阵）也。"孙子曰："士卒……

……田忌曰："善。独行之将也。……

……人。"田忌请问兵请奈何？……[1]

……言而后中。"田忌请问……

……兵情奈何。孙子……

……请问兵伤□……

……见弗取。"田忌服问孙……

……□橐□□□焉。"孙子曰："兵之□……

……□应之。"孙子曰："伍□……"

注释：①请：疑为情。

先轸诡谋激子玉·《东周列国志》

晋楚城濮大交兵·《东周列国志》

孙膑兵法

……孙子曰："□……

……□见之。"孙子……

……以也。"孙……

……□孙子……

……明之吴越，言之于齐。曰智孙氏之道者①，必合于天地。孙氏者……

……求其道，国故长久。"孙子……

……田忌请问智道奈何。"孙子……

……而先智胜不胜之谓智道。□战而智其所……

……所以智敌，所以曰智，故兵无……

注释：①智：同知。下同。

轩辕救驾灭蚩尤　清·《文林堂藏板》

仲丁命巫战伐夷　清·《文林堂藏板》

178

与经典同行　与圣人为伍

篡卒[①]

孙子曰："兵之胜在于篡卒，其勇在于制，其巧在于势，其利在于信，其德在于道，其富在于亟归，其强在于休民，其伤在于数战。"孙子曰："德行者，兵之厚积也。信者，兵[之]明赏也。恶战者，兵之王器也。取众者，胜之胜者也。"孙子曰："恒胜有五：得主剸制[②]，胜。知道，胜。得众，胜。左右和，胜。粮敌计险[③]，胜。"孙子曰："恒不胜有五：御将，不胜。不知道，不胜。乖将，不胜。不用间，不胜。不得众，不胜。"孙子曰："胜在尽□明赏，篡卒，乘敌之□。是胃泰武之葆[④]。"孙子曰："不得主弗将也……

＊　　　＊　　　＊

……□□令，一曰信，二曰忠，三曰敢。安忠？忠王。安信？信赏。安敢？敢去不善。不忠于王，不敢用其兵。不信于赏，百生弗德[⑤]，不敢去不善，百生弗畏。

二百卅五

注释：①篡：选择。②剸：通专。③粮：疑为量。④胃：疑为谓。⑤生：疑为姓。

孙膑兵法

179

月 战

孙子曰："间于天地之间，莫贵于人。战□□□人不单。天时、地利、人和，三者不得，虽胜有央①。是以必付与而□战，不得已而後战。故抚时而战，不復使其众。无方而战者，小胜以付磨者也。"孙子曰："十战而六胜，以星也。十战而七胜，以日者也。十战而八胜，以月者也。十战而九胜，月有……[十战]而十胜，将善而生过者也。一单……

＊　　　＊　　　＊

……所不胜者也五，五者有所壹，不胜。故战之道，有多杀人而不得将卒者，有得将卒而不得舍者，有得舍而不得将军者，有復军杀将者②。故得其道，则虽欲生不可得也。

八十

注释：①央：疑为殃。②復：疑为覆。

与经典同行　与圣人为伍

八　陈[阵]

孙子曰：知不足，将兵，自侍也①。勇不足，将兵，自广也。不知道、数战不足，将兵，幸也。夫安万乘国，广万乘王，全万乘之民命者，唯知道。知道者，上知天之道，下知地之理，内得其民之心，外知敌之请②，陈[阵]则知八陈[阵]之经，见胜而战，弗见而诤，此王者之将也。"

孙子曰："用八陈[阵]战者，因地之利，用八陈[阵]之宜。用陈[阵]参分③，诲陈[阵]有蜂④，诲蜂有後，皆侍令而动⑤。斗一，守二。以一侵敌，以二收。敌弱以乱，先其选卒以乘之。敌强以治，先其下卒以诱之。车骑与战者，分以为三，一在于右，一在于左，一在于後，易则多其车，险则多其骑，厄则多其弩。险易必知生地、死地，居生击死。"

二百一十四　八陈[阵]

注释：①知：同智。侍：疑为恃。②请：疑为情。③参：通三。④蜂：疑为锋。下同。
⑤侍：疑为待。

181

地葆

孙子曰:"凡地之道,阳为表,阴为里,直者为刚①,术者为纪。纪刚则得,陈乃不惑。直者毛产,术者半死。凡战地也,日其精也,八风将来,必勿忘也。绝水、迎陵、逆溜②、居杀地、迎众树者,钧举也③。五者皆不胜。南陈之山,生山也。东陈之山,死山也。东注之水,生水也。北注之水,死水。不留④,死水也。五地之胜曰:山胜陵,陵胜阜,阜胜陈丘,陈丘胜林平地。五草之胜曰:"藩、棘、椐、茅、莎。五壤之胜:青胜黄,黄胜黑,黑胜赤,赤胜白,白胜青。五地之败曰:豀、谷、川、泽、斥。五地之杀曰:天井、天宛、天离、天隙、天招。五墓,杀地也,勿居也,勿□也。春毋降,秋毋登。军与陈皆毋政前右,右周毋左周。"地葆。

二百

注释:①刚:疑为纲。下同。②溜:疑为流。③钧:通均。④留:疑为流。

势 备

孙子曰:"夫陷齿戴角①,前蚤後锯②,喜而合,怒而斱③,天之道也,不可止也。故无天兵者自为备,圣人之事也。黄帝作剑,以陈阵象之。笄作弓弩④,以势象之。禹作舟车,以变象之。汤、武作长兵,以权象之。凡此四者,兵之用也。何以知剑之为陈阵也?旦莫服之⑤,未必用也。故曰,陈阵而不战,剑之为陈阵也。剑无封⑥,唯⑦孟贲[之勇]不敢□□□。陈阵无蜂,非孟贲之勇也敢将而进者,不智兵之至也⑧。剑无首铤,唯巧士不能进[□]□。陈阵无後,非巧士敢将而进者,不知兵之请者⑨。故有蜂有後⑩,相信不动,敌人必走。无蜂无後,……□券不道。何以知弓奴之为势也⑪?發于肩应之间⑫,杀人百步之外,不识其所道至。故曰,弓弩势也。何以[知舟车]之为变也?高则……

注释:①陷:疑为含。②蚤:疑为爪。锯:疑为距。③斱:疑为斗。④笄:疑为羿。⑤莫:同暮。⑥封:疑为锋。⑦唯:疑为虽。下同。⑧蜂:疑为锋。智:同知。⑨请:疑为情。⑩蜂:疑为锋。⑪奴:疑为弩。⑫应:疑为膺。

何以知长兵之权也？击非高下非……卢毁肩，故曰长兵权也。凡此四……所循以成道也。知其道者，兵有功，主有名。□用而不知其道者，[兵]无功。凡兵之道四：曰阵，曰势，曰变，曰权。察此四者，所以破强敌，取孟将也①。……势者，攻无备，出不意，……中之近……也，视之近，中之远。权者，昼多旗，夜多鼓，所以送战也。凡此四者，兵之用也。□皆以为用，而莫劈其道②。

* * *

……□得四者生，失四者死□□□□

注释：①孟：疑为猛。②劈：疑为彻。

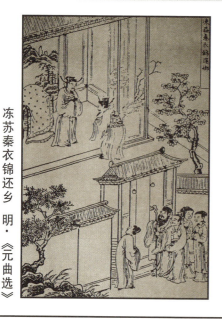

冻苏秦衣锦还乡 明·《元曲选》

薛仁贵荣归故里 明·《元曲选》

与经典同行　与圣人为伍

兵　情

孙子曰："若欲知兵之请①，弩矢其法也。矢，卒也。弩，将也。发者，主也。矢，金在前，羽在後，故犀而善走。前[重而]後轻，故正而听人。今治卒则後重而前轻，陈[阵]之则辨②，趣之敌则不听人，治卒不法矢也。弩者，将也。弩张，柄不正，偏强偏弱而不和，其两洋之送矢也不壹，矢唯轻重得③，前後适，犹不中[招也]……□□将之用心不和，……得，犹不胜敌也。矢轻重得，前[後]适，而弩张正，其送矢壹，发者非也，犹不中昭也④。卒轻重得，前後适，而将唯于……兵□□□□□□犹不胜敌也。故曰，弩之中彀合于四⑤，兵有功……将也，卒也，□也。故曰，兵胜敌也，不异于弩之中召[招]也⑥。此兵之道也。"

*　　　*　　　*

……所循以成道也。知其道者，兵有功，主有名。

注释：①请：疑为情。②辨：疑为办。③唯：疑为虽。④昭：疑为招。⑤彀：疑为彀。⑥召：通招。

孙膑兵法

行篡①

孙子曰："用兵移民之道，权衡也。权衡，所以篡贤取良也。阴阳，所以聚众合敌也。正衡再累……暨忠②，是谓不穷，称乡县衡③，虽其宜也。私公之财壹也。夫民有不足于寿而有馀于货者，有不足于货而有馀于寿者，唯明王、圣人智之④，故能留之。死者不毒，夺者不温⑤。此无穷……□□□□民皆尽力，近者弗则，远者无能。货多则辨，辨则民不德其上。货少则□，□则天下以为尊。然则为民赇也。吾所以为赇也，此兵之久也。用兵之国之宝也。

注释：①篡：选择。②暨：疑为既。③县：同悬。④智：同知。⑤温：疑为愠。

王敦篡位·杨柳青木版年画

杀 士

孙子曰："明爵禄而……
……士死。明赏罚□
……士死。立□
……必审而行之。士死……
……死。矫而下之①，士死□……
……之，士死，□而传……
……勉之骥，或死州□……
……之亲，或死贲墓……
……之乌，或死饮食……
……□处之安，或死疾疢之问，或死……

注释：①矫：疑为挢。

毛师弟盗丹破五雷·杨柳青年画

延气

孙子曰:"合军聚众,[务在激气]。复徙合军,务在治兵利气。临竞近敌①,务在疠气②。战日有期,务在断气。今日将战,务在延气。……以威三军之士,所以敫气③。将军令……其令,所以利气也。将军乃……短衣絜裘,以劝士志,所以疠气也。将军令,令军人人为三日粮,国人家为……望,国使毋来,军使毋往,所以断气也。将军召将卫人者而告之曰:"饮食毋……所以延气……也。

* * *

注释:①竞:疑为境。②疠:疑为厉。下同。③敫:疑为激。

孙膑法盗龙须扇·《後列国志》

……营也。以易营之众而贵武敌，必败。气不利则拙，拙则不及，不及则失利，失利……气不疬则聂①，聂则众□，众则……

……气不断则洞，洞则不剸易散，临难易散必败……

……□□气不□则隋，隋则难使，难使则不可以合旨……②

……□□则不知为己之节，不知为己之节则事……

……□而弗救，身死家残。将军召使而勉之，击……

注释：①聂：疑为慑。②隋：疑为惰。

乾隆皇帝射猎图 清·冷枚

官 一

孙子曰："凡处卒利陈阵体甲兵者，立官则以身宜，贱令以采章，乘削以伦物，序行以[□]□，制卒以周间①，授正以乡曲，辩疑以旌舆②，申令以金鼓，齐兵以从速③，庵结以人雄，邋军以索陈阵，茭肄以囚逆，陈师以危□，射战以云陈阵，围裹以赢渭④，取喙以阖燧，即败以包□，奔救以皮傅，燥战以错行。用□以正□，用轻以正散，攻兼用行城……□地□□用方，迎陵而陈阵用刲，险□□□用圜，交易武退用兵，□□阵临用方……翼，泛战接厝用喙逢⑤，囚险解谷以□远，草驵沙茶以阳削，战胜而陈阵以奋国，而……为畏以山胑⑥，秦怫以委施⑦，便罢以雁行，险厄以杂管，还退以蓬错，绕山林以曲次，袭国邑以水则，辩夜退以明简⑧，夜敬以传节⑨，厝入内寇以棺士，遇短

注释：①周：疑为州。②辩：同辨。③速：疑为迹。④围：通御。⑤泛：疑为凡。⑥畏：疑为隈。⑦秦：疑为榛。怫：疑为弗。委施：同逶迤。⑧辩：同辨。⑨敬：疑为警。

兵以必舆，火输积以车，陈阵刃以锥行，陈阵少卒以合杂。合杂，所以围裹也①。修行连削，所以结陈阵也。云折重杂，所权趯也。猋凡振陈②，所以乘疑也。隐匿谋诈③，所以钓战也。龙隋陈伏，所以山斗也。□□乖举，所以厌津也④。□□□卒，所以□□也。不意侍卒⑤，所以昧战也。遏沟□阵，所以合少也。疏削明旗，所以疑敌也。剽陈阵辒车，所以从遗也⑥。椎下移师，所以备强也。浮沮而翼，所以燧斗也。禅袺虋避，所以莠聂也⑦。涧练歀便⑧，所以逆喙也。坚陈阵敦□，所以攻槥也。楑鬸藩薄⑨，所以法

注释：①圉：通御。下同。②凡：疑为风。陈：疑为尘。③诈：疑为诈。④厌：疑为压。⑤侍：疑为待。⑥遗：疑为逸。⑦莠聂：疑为诱蹑。⑧涧：疑为简。歀：疑为剽。⑨楑：疑为揆。

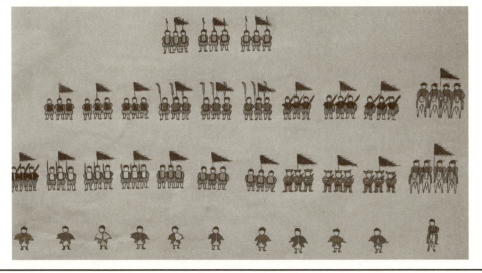

九曲黄河兵阵图　清·佚　名

疑也①。伪遗小亡，所以聭敌也②。重害，所以荍[□]也。顺明到声，所以夜军也。佰奉离积，所以利胜也。刚者，所以围劫也。更者，所以过□也。□者，所以围□也。□[者，所以]□□[也。序]者，所以厌门也。胡退□入，所以解困也。

*　　　*　　　*

……□令以金……

……云陈阵，御裏[以赢渭，取喙]以阖……

……荼以阳削，战……

……隈以山肽，秦怫以委施③，便罢以雁

注释：①鑑：疑为断。汯：疑为眩。②聭：疑为饵。③怫：疑为弗。

玛瑙斫阵图　清·郎世宁

……

……夜退以明简，夜敬（警）……①

……舆，火输积以车，陈阵……

……龙隋阵……

……也。疏削明……

……也。涧练□便，所以逆喙也……②

……𬷻藩薄，所以沄［疑也。伪遗小亡］，③

……所以聢敌也。重害，所……④

……奉离积，所以利……

……所以御□［也。□者，所以□□］也。

序者，所以厌……

注释：①敬：疑为警。②涧：疑为简。③𬷻：疑为断。沄：疑为眩。④聢：疑为饵。

紫光阁赐宴图　清·佚　名

五教法

［孙］子曰：善教者于本，不临军而变，故曰五教：处国之教一，行行之教一，处军之［教一，处阵之教一，隐而］不相见利战之教一。

处国之教奚如？曰……孝弟良五德者，士无壹乎①？虽能射不登车。是故善射为左，善御为御，毕母为右②。然则三人安车，五人安伍，十人为列，百人为卒，千人有鼓，万人为戎，而众大可用也。处国之教如此。行行之教奚如？废车罢马③，将军之人必任焉，所以衘……险幼将自立焉④，所以敬□……□足矣。行行之教如此。处军之教如［此。处阵］之教奚如？兵革车甲，阵之器也。……以兴善。然而阵既利而阵实蘩。处阵之教如此。隐而不相见利战之教［奚如？］……

注释：①弟：通悌。②母：疑为毋。③罢：通疲。④衘：通率。

* * *

……垒途道，使三军之士皆见死而不见生，所[以]……

……铫所以教耳也。……

……[所]以教足也。五教既至，目益明……

金山操江图　清·完颜氏麟庆

强 兵

……威王问孙子曰："□□□……齐士教寡人强兵者，皆不同道。……[有]教寡人以正政教者①，有教寡人以敛者，有教寡人以散粮者，有教寡人以静者，……

[孙子曰]："……皆非强兵之急者也。"威[王]……□□。"孙子曰："富国。"威王曰："富国。……"□厚，威王、宣王以胜诸侯，至于……

* * *

……将胜之，此齐之所以大败燕……

……众乃知之，此齐所以大败楚人反……

……知之，此齐之[所以]大败赵……

……□人于鄄桑而禽（擒）氾皋也。

……禽擒唐□也。

……禽擒□……

注释：①正：通政。

下 编

十 陈（阵）

凡陈（阵）有十：有枋陈（阵）[1]，有员陈（阵）[2]，有疏陈（阵），有数陈（阵），有锥行之陈（阵），有雁行之陈（阵），有钩行之陈（阵），有玄襄之陈（阵），有火陈（阵），有水陈（阵）。此皆有所利。枋阵者，所以剸也。员陈（阵）者，所以剸也。疏陈（阵）者，所以吴也[3]。数陈（阵）者，为不可掇。锥行之陈（阵）者，所以夬绝也[4]。雁行之陈（阵）者，所以接射也[5]。钩行之陈（阵）者，所以变质易虑也。玄翼之陈（阵）者，所以疑众难故也。火陈（阵）者，所以拔也。水陈（阵）者，所以伥固也。

枋陈（阵）之法，必酄中厚方[6]，居陈（阵）在後。中之酄也，将以吴也。重□其□，将以剸也。

注释：①枋：疑为方。下同。②员：通圆。③吴：疑为吪。④夬：决也。⑤棱：疑为接。⑥酄：疑为薄。下同。

居陈阵在後，所以□……

　　[圆阵之法]……

　　[疏阵之法]，其甲寡而人之少也，是故坚之。武者在旌旗，是人者在兵。故必疏钜间，多其旌旗羽旄，砥刃以为旁。疏而不可戚①，数而不可军者，在于慎。车毋驰，徒人毋驺②。凡疏陈阵之法，在为数丑，或进或退，或击或颇，或与之征，或要其衰。然则疏可以取阅矣③。

　　数陈阵之法，毋疏钜间，戚而行首积刃而信之，前後相葆④，变不□□，甲恐则坐，以声坐□，往者弗送，来者弗止，或击其迂，或辱其阅，筭之而无间，钣山而退。然则数不可掇也。

注释：①戚：疑为蹙。②驺：疑为趋。③阅：疑为锐。下同。④葆：通保。

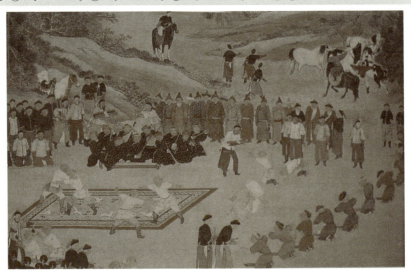

塞宴上的蒙古摔跤图　清·佚名

与经典同行　与圣人为伍

锥行之陈[阵]，卑之若剑①，末不阅则不入，刃不溥则不剸②，本不厚则不可以列陈[阵]。是故末必阅，刃必溥，本必鸿③。然则锥行之陈[阵]可以夬绝矣④。

[雁行之阵]，……中，此谓雁陈[阵]之任。前列若雝，後列若貍，三……阙罗而自存，此之谓雁陈[阵]之任。

钩行之陈[阵]，前列必枋⑤，左右之和必钩。参声既全，五菜必具⑥，辩吾号声⑦，知五旗。无前无後，无……

玄翼之陈[阵]，必多旌旗羽旄，鼓罪罪庄⑧，甲乱则坐，车乱则行，已治者□，榼榼啐啐，若从天下，若从地出，徒来而不屈，终日不拙。此之谓玄翼之陈[阵]。

火战之法，沟垒已成，重为沟渐⑨，五步积薪，必均疏数，从役有数，令之为属枇，必轻必利，风辟……□火气自覆⑩，与之战弗克⑪，坐

注释：①卑：疑为臂。②剸：疑为薄。③鸿：疑为鸿。④夬：决也。⑤枋：疑为方。
⑥菜：疑为彩。⑦辩：同辨。⑧罪罪：疑为辈辈。庄：疑为壮。⑨渐：疑为堑。
⑩气：疑为既。⑪克：通克。

孙膑兵法

孙膑兵法

行而北。火战之法,下而衍以荞,三军之士无所出泄。若此,则可火也。陵焱蒋荞,薪莞气积①,营窑未谨。如此者,可火也。以火乱之,以矢雨之,鼓噪敦兵,以势助之。火战之法。

水战之法,必众其徒而寡其车,令之为钩、楷、蓤、枏缄辑、□、绛,皆具②。进则必遂,退则不戚,方戚从流③,以敌之人为召④。水战之法,便舟以为旗,驰舟以为使,敌往则遂,敌来则戚,推攘因慎而饬之,移而革之,陈阵而支之,规而离之。故兵有误,车有御徒,必察其众少,击舟颈津,示民徒来。水战之法也。

七百八十七

注释:①气:疑为既。②缄:疑为贰。③戚:疑为蹙。下同。④召:通招。

木栏狩猎图之二 清·郎世宁

与经典同行　与圣人为伍

十问

兵问曰：交和而舍，粮食钧足①，人兵敌衡，客主两惧。敌人员陈以胥②，因以为固。击［之奈何？曰：］击此者，三军之众，分而为四五，或傅而详北③，而示之惧。皮见我惧④，则遂分而不顾。因以乱毁其固。驷鼓同举，五遂俱傅⑤。五遂俱至，三军同利。此击员之道也⑥。

交和而舍，敌富我贫，敌众我少，敌强我弱，其来有方，击之奈何？曰：击此者，□陈而□之，规而离之，合而详北⑦，杀将其后，勿令知之。此击方之道也。

交和而舍，敌人气众以强⑧，□弆以刚⑨，兑陈以胥⑩，击之奈何？击此者，必参而离之，一者延而衡，二者□□□□□恐而下惑，下上气乱，三军大北，此击兑之道也。

交和而舍，敌气众以强，延陈以衡，我

注释：①粮：疑为粮。钧：通均。②员：通圆。③详：通佯。④皮：疑为彼。⑤遂：疑为队。下同。⑥员：通圆。⑦详：通佯。⑧气：疑为既。下同。⑨亞：疑为劲。聿：疑为捷。⑩兑：疑为锐。下同。

陈阵而侍之[1]，人少不能，击之奈何？击此者，必将参分我兵[2]，练我死士，二者延陈阵长羿[3]，一者财士练兵[4]，期其中极。此杀将击衡之道也。

交和而舍，我人兵则众，车骑则少，敌人什负[5]，击之奈何？击此者，当葆险带隘[6]，慎避光易[7]。故易则利车，险则利徒。此击车之道也。

交和而舍，我车骑则众，人兵则少，敌人什负，击之奈何？击此者，慎避险且[8]，决而道

注释：①侍：疑为待。②参：通三。③羿：疑为翼。④财：通材。⑤什：通十。负：疑为倍。⑥葆：通保。⑦光：疑为广。⑧且：疑为阻。

孙膑兵法

木栏狩猎图之宿营　清·郎世宁

与经典同行　与圣人为伍

之①，牴诸易②。敌唯什负③，便我车骑，三军可击。此击徒人之道也。

交和而舍，梁食不属④，人兵不足恃，绝根而攻，敌人十负⑤，击之奈何？曰：击此者，敌人气□而守阻⑥，我……反而害其虚。此击争□之道也。

交和而舍，敌将勇而难惧，兵强人众自固，三军之士皆勇而毋虑⑦，其将则威，其兵则武，而理强梁，肂⑧，诸侯，莫之或侍⑨。击之奈何？曰：击此者，告之不敢，示之不能，坐拙而侍之，以骄其意，以随其志⑩，使敌弗织⑪，因击其不□，攻其不御，厌其骀⑫，攻其疑。皮气贵气武⑬，三军徒舍，前後不相堵⑭，故中而击之，若有徒与。此击强众之道也。

交和而舍，敌人葆山而带阻⑮，我远则不接，近则毋所⑯，击之奈何？击此者，皮敛阻移□□□□□则危之，攻其所必救，使离其固，失离其故，

孙膑兵法

注释：①道：通导。②牴：疑为抵。③唯：疑为虽。什：通十。负：疑为倍。④粱：疑为粮。⑤负：疑为倍。⑥气：疑为既。⑦毋：通无。⑧理：疑为吏。梁：疑为粱。肂：疑为接。⑨侍：疑为待。下同。⑩随：疑为惰。⑪织：疑为识。⑫厌：疑为压。骀：疑为怠。⑬皮：疑为彼。气：疑为既。下同。⑭堵：疑为睹。⑮葆：通保。⑯毋：通无。⑩葆：通保。⑪刑：疑为形。⑫商：疑为愿。⑬复：同覆。⑭财：通材。

203

以揆其虑，施伏设援，击其移庶，此击葆固之道也①。

交和而舍，客主两陈阵，敌人刑箕②，计敌所商③，欲我陷復④，击之奈何？击此者，渴者不饮，饥者不食，三分用其二，期于中极，皮气□□，财士练兵⑤，击其两翼，□皮□喜□□三军大北。此击箕之道也。

七百一十九

注释：①葆：通保。②刑：疑为形。③商：疑为愿。④復：同覆。⑤财：通材。

围场围猎图　清·佚名

与经典同行　与圣人为伍

略甲

略甲之法，敌之人方陈阵□□无□……

……欲击之，其势不可，夫若此者，下之□……

……之以国章，欲单若狂^①，夫若此者，少陈阵……

……□反，夫若此者，以众卒从之，篡卒因之^②，必将……

……篡卒因之，必……

*　　　*　　　*

……左右旁伐以相趋，此谓镆钩击^③。

注释：①单：疑为战。②篡：选择。③镆：疑为曼。

庄大田被捕图　清·佚　名

孙膑兵法

……之气不臧于心①，三军之众□循之知不……

……将分□军以脩其□，人卒寡而民……

……□威□□其难将之□也。分其众，乱其……

……陈阵不厉，故列不……

……远揄之，敌券以远……②

……治，孤其将，汤其心，击……③

……其将勇，其卒众……

……彼大众将之……

……卒之道……

注释：①臧：通藏。②券：疑为倦。③汤：通荡。

康熙南巡图之阅兵　清·佚　名

与经典同行　与圣人为伍

客主人分

兵有客之分，有主人之分。客之分众，主人之分少。客负主人半①，然可敌也。负……定者也。客者，後定者也，主人安地抚势以胥。夫客犯益逾险而至②，夫犯益……退敢物颈③，进不敢距敌④，其故何也？势不便，地不利也。势便地利则民自□……自退。所谓善战者，便势利地者也。带甲数十万，民有馀粮弗得食也，有馀……居兵多而用兵少也，居者有馀而用者不足。带甲数十万，千千而出，千千而继之……万万以遗我。所谓善战者，善翦断之，如□会捝者也。能分人之兵，能安人之兵⑤，则锱而有馀⑥。不能分人之兵，不能案人之兵⑦，则数负而不足。众者胜乎？则投筭而战耳⑧。富者胜乎？则量粟而战耳。兵利甲坚者胜乎？则胜易知矣。故富未居安也，贫未居危也，众未居

注释：①负：疑为倍。②益：疑为隘。下同。③物：疑为刎。④距：疑为拒。⑤安：疑为按。⑥锱：疑为铢。⑦案：通按。⑧筭：同"算"。

孙膑兵法

207

胜也，少[未居败也]。以决胜败安危者，道也。敌人众，能使之分离而不相救也，受敌者不得相……以为固，甲坚兵利不得以为强，士有勇力不得以卫其将，则胜有道矣。故明主、智道之将必先□①，可有功于未战之前，故不失；可有之功于已战之后，故兵出而有功，入而不伤，则明于兵者也。

五百一十四

* * *

……焉。为人客则先人作□……

……兵曰：主人逆客于竟□……②

……客好事则□……

……使劳，三军之士可使毕失其志，则胜可得而据也。是以安左抶右③，右败而左弗能救；安右抶左，左败而右弗能救。是以兵坐而不起，辟而不用④，近者少而不足用，远者疏而不能……

注释：①智：同知。②竟：同境。③安：疑为按。下同。④辟：通避。

善者

善者，敌人军□人众，能使分离而不相救也，受敌而不相知也。故沟深垒高不得以为固，车坚兵利不得以为威，士有勇力而不得以为强。故善者制佥量阻①，敦三军，利诎信②，敌人众能使寡，积粮盈军能使饥，安处不动能使劳，得天下能使离，三军和能使柴。故兵有四路、五动：进，路也；退，路也；左，路也；右，路也。进，动也；退，动也；左，动也；右，动也；墨然而处③，亦动也。善者四路必彻④，五

注释：①佥：疑为险。②诎：通屈。信：通伸。③墨：疑为默。下同。④彻：疑为彻。

康熙南巡图之渡江　清·佚　名

动必工。故进不可迎于前，退不可绝于后，左右不可陷于阻①，墨[然而处]，□□于敌之人。故使敌思路必穷，五动必忧。进则傅于前，退则绝于后，左右则陷于阻②，墨然而处③，军不免于患。善者能使敌卷甲趋远，倍道兼行，卷病而不得息④，饥渴而不得食。以此薄敌，战必不胜矣。我饱食而侍其饥也⑤，安处以侍其劳也，正静以侍其动也。故民见进而不见退，道白刃而不还踵⑥。

　　　　二百□十□

注释：①陷：同陷。阻：疑为阻。②陷：同陷。阻：疑为阻。③墨：疑为默。④卷：疑为倦。⑤侍：疑为待。下同。⑥道：疑为蹈。踵：疑为踵。

收复喀什噶尔之战图　　清·佚　名

五名五恭

兵有五名：一曰威强，二曰轩骄，三曰刚至，四曰助忌，五曰重柔①。夫威强之兵，则诎奂而侍之②；轩骄之兵，则共敬而久之③；刚至之兵，则诱而取之；䐜忌之兵，则薄其前，噪其旁，深沟高垒而难其粮；重柔之兵，则噪而恐之，振而捅之，出则击之，不出则回之。

五名

兵有五共、五暴。何谓五共？入兢而共④，军失其常。再举而共，军毋所梁⑤。三举而共，军失其事。四举而共，军无食。五举而共，军不及事。入兢而暴，胃之客⑥。再举而暴，胃之华。三举而暴，主人惧。四举而暴，卒士见诈。五举而暴，兵必大耗⑦。故五共、五暴⑧，必使相错也。

五恭

二百五十六

注释：①桀：疑为柔。②诎：通屈。奂：同软。③共：通恭。下同。④兢：疑为境。下同。⑤毋：通无。梁：疑为粮。⑥胃：疑为谓。下同。⑦耗：疑为耗。下同。⑧共：通恭。

兵失

欲以敌国之民之所不安，正俗所……难敌国兵之所长，耗兵也。欲强多国之所寡，以应敌国之所多，速诎之兵也①。备固，不能难敌之器用，陵兵也。器用不利，敌之备固，銼兵也②。兵不……明者也。善陈[阵]，知信乡③，知地刑④，而兵数困，不明于国胜、兵胜者也。民……兵不能昌大功，不知会者也。兵失民，不知过者也。兵用力多功少，不知时者也。兵不能胜大患，不能合民心者也。兵多悔，信疑者也。兵

注释：①诎：通屈。②銼：疑为挫。③信：疑为背。乡：通向。④刑：疑为形。下同。

平定西域献俘礼图之七　清·徐扬

与经典同行　与圣人为伍

不能见福祸于未刑，不知备者也。兵见善而怠，时至而疑，去非而弗能居，止道也。矜而廉①，龙而敬，弱而强，柔而[刚]……起道也。行止道者，天地弗能兴也，行起道者，天地……

*　　*　　*

……之兵也。欲以国……

……内罢之兵也②。多费不固……

……见敌难服，兵尚淫天地……

……而兵强国……

……兵不能……

注释：①矜：疑为贪。②罢：通疲。

孙膑兵法

生擒张格尔图　清·佚　名

213

将 义

将者不可以不义，不义则不严，不严则不威，不威则卒弗死。故义者，兵之首也。将者不可以不仁，不仁则军不剋，军不剋则军无功①。故仁者，兵之腹也。将者不可以无德，无德则无力，无力则三军之利不得。故德者，兵之手也。将者不可以不信，不信则令不行，令不行则军不剸，军不剸则无名。故信者，兵之足也。将者不可以不智胜。不智胜……则军无□。故夬者②，兵之尾也。

将义

注释：①剋：通克。②夬：同决。

忠义堂·杨柳青木版年画

与经典同行 与圣人为伍

将 德

……赤子，爱之若狡童，敬之若严师，用之若土盖①，将军……

……不失，将军之知也②。不陉寡③，不劫于敌，慎终若始，将军……

……而不御，君令不入军门，将军之恒也。入军……

……将不两生，军不两存，将军之……

……□将军之惠也。赏不榆日④，罚不罴面⑤，不维其人，不何……

……外辰，此将军之德也。

注释：①盖：疑为芥。②知：同智。③陉：疑为轻。④榆：疑为逾。⑤罴：疑为还。下同。

辕门射戟·杨柳青年画

孙膑兵法

215

将 败

将败：一曰不能而自能。二曰骄。三曰贪于位。四曰贪于财。[五曰]□。六曰轻。七曰迟。八曰寡勇。九曰勇而弱。十曰寡信。十一[曰]……十四曰寡决。十五曰缓。十六曰怠。十七曰□。十八曰贼。十九曰自私。廿曰自乱。多败者多失。

庞涓兵败桂陵·《东周列国志》

与经典同行　与圣人为伍

将 失

将失：一曰，失所以往来，可败也。二曰，收乱民而裹用之，止北卒而裹斲之，无资而有资，可败也。三曰，是非争，谋事辩讼，可败也。四曰，令不行，众不壹，可败也。五曰，下不服，众不为用，可败也。六曰，民苦其师，可败也。七曰，师老，可败也。八曰，师怀，可败也。九曰，兵遁，可败也。十曰，兵□不□，可败也。十一曰，军数惊，可败也。十二曰，兵道足陷，众苦，可败也。十三曰，军事险固，众劳，可败也。十四[曰]，□□□备，可败也。十五曰，日莫路远①，众有至气，可败也。十六曰，……可败也。十七[曰]，……众恐，可败也。十八曰，令数变，众偷，可败也。十九曰，军淮，众不能其将吏，可败也。廿曰，多幸，众怠，可败也。廿一曰，多疑，众疑，可败也，廿二曰，恶闻其过，可败也。廿三曰，

注释：①莫：同暮。

与不能，可败也。廿四日，暴路伤志[1]，可败也。廿五日，期战心分，可败也。廿六日，恃人之伤气，可败也。廿七日，事伤人，恃伏诈，可败也。廿八日，军舆无□，[可败也。廿九日]，□下卒，众之心恶，可败也。卅日，不能以成陈阵，出于夹道，可败也。卅一日，兵之前行後行之兵，不参齐于陈阵前，可败也。卅二日，战而忧前者後虚。忧後者前虚，忧左者右虚，忧右者左虚。战而有忧，可败也。

注释：①路：疑为露。

斩金莲秀英弄术，战海潮孙膑化身·《後列国志》

与经典同行　与圣人为伍

雄牝城

城在渒泽之中，无亢山名谷，而有付丘于其四方者，雄城也，不可攻也。军食溜水①，[生水也，不可攻]也。城前名谷，倍亢山②，雄城也，不可攻也。城中高外下者，雄城也，不可攻也。城中有付丘者，雄城也，不可攻也，营军趣舍，毋回名水，伤气弱志，可击也。城倍名山③，无亢山其左右，虚城也，可击也。[□]尽烧者，死壤也④，可击也。军食泛水者，死水也，可击也。城在發泽中，无名谷付丘者，牝城也，可击也。城在亢山间，无名谷付丘者，牝城也，可击也。城前亢山，倍名谷，前高後下者，牝城也，可击也。

注释：①溜：疑为流。②倍：通背。③倍：通背。④壤：疑为壤。

孙膑兵法

城制图·《古今图书集成图集》

219

五度九夺

……矣。救者至，有又重败之①。故兵之大数，五十里不相救也。皇□□□□数百里②，此程兵之极也。故兵曰：积弗如，勿与持久。众弗如，勿与椄和③。□[弗如，勿与□□。□弗如，勿]与攘长。习弗如，毋当其所长。五度暨明④，兵乃衡行⑤。故兵……趋敌数。一曰取粮。二曰取水。三曰取津。四曰取涂⑥。五曰取险。六曰取易。七曰[取□。八曰取□。九]曰取其所读贵⑦。凡九夺，所以趋敌也。

四百二字。

注释：①有：通又。②皇：疑为况。③椄：疑为接。④暨：疑为既。⑤衡：通横。⑥涂：通途。⑦读：疑为独。

清末兵阵图录

积 疏

……[积]胜疏,盈胜虚,俓胜行[1],疾胜徐,众胜寡,勚胜劳[2]。积故积之,疏故疏之,盈故盈之,虚[故虚之,径故径]之,行故行之,疾故疾之,[徐故徐之,众故众]之,寡故寡之,勚故勚之,劳故劳之。积疏相为变,盈虚[相为变,径行相为]变,疾徐相为变,众寡相[为变,佚劳相]为变。毋以积当积,毋以疏当疏,毋以盈当盈,毋以虚当虚,毋以疾当疾,毋以徐当徐,毋以众当众,毋以寡当寡,毋以勚当勚[3],毋以劳当劳。积疏相当,盈虚相[当,径行相当,疾徐相当,众寡]相当,勚劳相当。敌积故可疏,盈故可虚,径故可行,疾[故可徐,众故可寡,佚故可劳]。……

注释:①俓:疑为径。②勚:疑为佚。③勚:疑为佚。下同。

奇 正

天地之理，至则反，盈则败。□□是也。代兴代废，四时是也。有胜有不胜，五行是也。有生有死，万物是也。有能有不能，万生是也。有所有馀，有所不足，刑①势是也。故有刑之徒，莫不可名。有名之徒，莫不可胜。故圣人以万物之胜胜万物，故其胜不屈。战者，以刑相胜者也。形莫不可以胜，而莫智其所以胜之刑②。刑胜之变，与天地相敝而不穷。刑胜，以楚越之竹书之而不足。刑者，皆以其胜胜者也。以一刑之胜胜万刑，不可。所以敊刑壹也③。所以胜不可壹也。故善战者，见敌之所长，则智其所短；见敌之所不足，则智其所有馀。见胜如见日月。其错胜也，如以水胜火。刑以应刑④，正也；无刑而敊刑⑤，奇也。奇正无穷，分也。分之以奇数，敊之以无形，斲之以□□⑥。分定

注释：①刑：疑为形。下同。②智：同知。下同。③敊：疑为制。④刑：疑为形。下同。⑤敊：疑为制。下同。⑥斲：疑为斗。

与经典同行　与圣人为伍

则有刑矣，刑定则有名[矣]□□□，……同不足以相胜也。故以异为奇。是以静为动奇，失为劳奇①，饱为饥奇，治为乱奇，众为寡奇。發而为正，其未發者奇也。奇發而不报，则胜矣。有餘奇者，过胜者也。故一节痛，百节不用，同礼也②。前败而後不用，同刑也。故战势，大陈阵□断，小陈阵□解。後不得乘前，前不得蹨後③。进者有道出，退者有道入。赏未行，罚未用，而民听令者，其令，民之所能行也。赏高罚下，而民不听其令者，其令，民之所不能行也。使民唯不利④，进死而不筍踵⑤，孟贲之所难也。而责之民，是使水逆留也⑥。故战势，胜者益之，败者代之，劳者息之，饥者食之。故民见□人而未见死，道白刃而不筍踵⑦。故行水得其理，剽石折舟⑧；用民得其生⑨，则令行如留。

四百八十七

注释：①失：通佚。②礼：疑为体。③蹨：疑为然。④唯：疑为虽。⑤筍：疑为旋。下同。⑥留：疑为流。下同。⑦道：疑为蹈。⑧剽：疑为漂。⑨生：疑为性。

孙膑兵法

附： **《史记·孙膑列传》**

汉·司马迁

孙武既死，後百馀岁有孙膑。膑生阿鄄之间，膑亦孙武之後世子孙也。孙膑尝与庞涓俱学兵法。庞涓既事魏，得为惠王将军，而自以为能不及孙膑，乃阴使召孙膑。膑至，庞涓恐其贤于己，疾之，则以法刑断其两足而黥之，欲隐勿见。

齐使者如梁，孙膑以刑徒阴见，说齐使。齐使以为奇，窃载与之齐。齐将田忌善而客待之。忌数与齐诸公子驰逐重射。孙子见其马足不甚相远，马有上、中、下辈。于是孙子谓田忌曰："君弟重射，臣能令君胜。"田忌信然之，与王及诸公子逐射千金。及临质，孙子曰："今以君之下驷与彼上驷，取君上驷与彼中驷，取君中驷与彼下驷。"既驰三辈毕，而田忌一不胜而再胜，卒得王千金。于是忌进孙子于威王。威王问兵法，遂以为师。

其後魏伐赵，赵急，请救于齐。齐威王欲将孙膑，膑辞谢曰："刑馀之人不可。"于是乃以田忌为将，而孙子为师，居辎车中，坐为计谋。田忌欲引兵之赵，孙子曰："夫解杂乱纷纠者不控捲，救斗者不搏撠，批亢捣虚，形格势禁，则自为解耳。今梁赵相攻，轻兵锐卒必竭于外，老弱罢于内。君不若引兵疾走大梁，据其街路，冲其方虚，彼必释赵而自救。是我一举解赵之围而收弊于魏也。"田忌从之，魏果去邯郸，与齐战于桂陵，大破梁军。

後十三岁，魏与赵攻韩，韩告急于齐。齐使田忌将而往，直走大梁。魏将庞涓闻之，去韩而归，齐军既已过而西矣。孙子谓田忌曰："彼三晋之兵素悍勇而轻齐，齐号为怯，善战者因其势而利导之。兵法，百里而趣利者蹶上将，五十里而趣利者军半至。使齐军入魏地为十万灶，明日为五万灶，又明日为三万灶。"庞涓行三日，大喜，曰："我固知齐军怯，入吾地三日，士卒亡者过半矣。"乃弃其步军，与其轻锐倍日并行逐之。孙子度其行，暮当至马陵。马陵道狭，而旁多阻隘，可伏兵，乃斫大树白而书之曰"庞涓死于此树之下"。于是令齐军善射者万弩，夹道而伏，期曰"暮见火举而俱發"。庞涓果夜至斫木下，见白书，乃钻火烛之。读其书未毕，齐军万弩俱發，魏军大乱相失。庞涓自知智穷兵败，乃自刭，曰："遂成竖子之名！"齐因乘胜尽破其军，虏魏太子申以归。孙膑以此名显天下，世传其兵法。

乾隆皇帝大阅图 清·郎世宁

"尚雅"国学经典书系

中华传统蒙学精华注音全本

书名	定价	书名	定价	书名	定价
三字经·百家姓·千字文	24元	龙文鞭影	32元	千家诗	28元
孙子兵法·三十六计	24元	五字鉴	30元	幼学琼林	33元
孝经·弟子规·增广贤文	24元	声律启蒙·笠翁对韵	25元	菜根谭	25元

中华传统文化经典注音全本

	书名	定价	书名	定价		书名	定价	书名	定价
第一辑	庄子(全二册)	60元	楚辞	35元	第二辑	唐诗三百首	40元	礼记(全二册)	80元
	宋词三百首	40元	易经	38元		诗经(全二册)	60元	国语	68元
	元曲三百首	36元	尚书	45元		论语	30元	老子·大学·中庸	28元
	尔雅	34元	山海经	38元		周礼	42元		
	孟子	42元				仪礼	45元		
第三辑	春秋公羊传		荀子		第四辑	春秋左传	元	后汉书	
	春秋穀梁传		黄帝内经			战国策		三国志	
	武经七书	40元	管子			文选		资治通鉴	
	古文观止(全二册)		墨子			史记		聊斋志异全图	
	吕氏春秋					汉书			

中华古典文学名著注音全本

书名	定价	书名	定价
绣像东周列国志(全三册)	188元	绣像西游记(全三册)	198元
绣像三国演义(全三册)	188元	绣像儒林外史	
绣像水浒传(全四册)	218元	绣像西厢记	
绣像红楼梦(全四册)	238元		

中华传统文化经典注音全本(口袋本)

书名	定价	书名	定价	书名	定价	书名	定价
论语	11元	诗经	20元	庄子	20元	国语	20元
孟子	14元	唐诗三百首	12元	楚辞	12元	武经七书	17元
三字经·百家姓·千字文	9元	千家诗	11元	宋词三百首	16元	周礼	12元
		易经	13元	元曲三百首	13元	仪礼	11元
声律启蒙·笠翁对韵	10元	尚书	14元	幼学琼林	14元	春秋公羊传	18元
		老子·大学·中庸	10元	龙文鞭影	10元	春秋穀梁传	18元
孝经·弟子规·增广贤文	9元	五字鉴·菜根谭	14元	尔雅	12元	古诗源	20元
		孙子兵法·三十六计	9元	山海经	18元	盐铁论	12元

服务地址：
①广州市海珠区建基路85、87号广东省图书批发市场304档B
广东智文科教图书有限公司(510230)
咨询热线：(020)34218210 34218090
传　真：(020)34297602

②南京市四牌楼2号东南大学出版社
咨询热线：(025)83795802
传　真：(025)57711295